A*t*V

CHRISTA WOLF wurde 1929 in Landsberg/Warthe (heute Gorzów Wielkopolski) geboren. 1945 nach Mecklenburg umgesiedelt. Wissenschaftliche Mitarbeiterin, Redakteurin und Lektorin. Erste Veröffentlichung 1961. Sie lebt in Berlin und Mecklenburg.

Werke: Der geteilte Himmel (Erzählung, 1963); Nachdenken über Christa T. (1969); Unter den Linden (1974); Kindheitsmuster (1976); Kein Ort. Nirgends (1979); Kassandra (1983); Störfall (1987); Sommerstück (1989); Was bleibt (1990); Medea (1996).

FRANZ FÜHMANN wurde 1922 in Rochlitz an der Iser (heute Rokytnice) geboren. Als Oberschüler zur deutschen Wehrmacht eingezogen, geriet er 1945 in sowjetische Kriegsgefangenschaft. Seit 1950 lebte er in Ostberlin, leitete zunächst die kulturpolitische Arbeit der NDPD und war seit 1958 freier Schriftsteller. Er starb 1984.

Werke: Die Fahrt nach Stalingrad (1953); Kameraden (Novelle, 1955); Der Jongleur im Kino oder Die Insel der Träume (1970); Zweiundzwanzig Tage oder Die Hälfte des Lebens (1973); Saiäns-Fiktschen (Erzählungen, 1981); Vor Feuerschlünden. Erfahrung mit Georg Trakls Gedicht (1982).

»Der liebe Gott der Schriftsteller macht schon, daß wir einander finden«, schreibt Franz Fühmann 1978 an Christa Wolf, in einem Jahr also, das für beide immer noch mit den Folgen des Protestes gegen die Ausbürgerung von Wolf Biermann belastet war. Natürlich kennen sie sich seit langem, aber aus sporadischen Nachrichten wird erst seit dem Herbst 1976 ein Briefwechsel, der vor allem durch die politischen und kulturpolitischen Auseinandersetzungen, in die beide verwickelt sind, vorangetrieben wird. Fühmann schreibt aus Märkisch Buchholz sarkastische Grußkarten und Telegramme, cholerische Fluch- und Wutbriefe, denen die Abschriften offener Briefe an Funktionäre und Minister beiliegen, nach Berlin. Christa Wolf teilt ihm ihre Befürchtungen mit und versucht, wenn er wieder verzweifelt, ihn zu beruhigen. Ein politischer und ein Arbeitsbriefwechsel entsteht auf diese Weise, der die Diskussion unter den kritischen Künstlern und Intellektuellen widerspiegelt und einen Eindruck vom Zusammengehörigkeitsgefühl vermittelt, das weit über eine Notgemeinschaft hinausging. »Wir brauchen einander, und wahrscheinlich ist es der Sinn dieser heillosen Epoche, daß sie uns zueinander rückt.« (Fühmann)

Christa Wolf
Franz Fühmann

Monsieur –
wir finden uns wieder

Briefe 1968-1984

Aufbau Taschenbuch Verlag

Herausgegeben von Angela Drescher

Mit 31 Abbildungen

ISBN 3-7466-1449-X

1. Auflage 1998
Aufbau Taschenbuch Verlag Berlin
© Aufbau-Verlag GmbH, Berlin 1995 (für diese Ausgabe)
Für die Briefe Christa Wolfs © Christa Wolf
Für die Briefe Franz Fühmanns © Hinstorff Verlag GmbH Rostock
Umschlaggestaltung Preuße & Hülpüsch Grafik Design
unter Verwendung eines Fotos vom Arbeitszimmer Franz Fühmanns,
Foto Dietmar Riemann
Satz LVD GmbH, Berlin
Druck Clausen & Bosse, Leck
Printed in Germany

1 CHRISTA WOLF AN FRANZ FÜHMANN

Kleinmachnow, 5. 2. [68]

Lieber Franz,

hier ist das Manuskript, das Du mal lesen wolltest. Wenn Du fertig bist, ruf mich doch mal an – vielleicht schwingst Du Dich sogar zu einem Trip nach Kleinmachnow auf? Oder wir sehen uns in Berlin.

Wir haben eine neue Adresse: Fontanestr. 20. Telefon, von Berlin aus: 0 23 53 21 97.

Gruß
Christa Wolf

2 FRANZ FÜHMANN AN CHRISTA WOLF

25. 2. 68

Liebe Christa,

vielen Dank für das Manuskript. Sei nicht böse, wenn es etwas länger dauert, mir fällt Schreibmaschinelesen sehr schwer, und mich hat auch wieder so eine blödsinnige Grippe umgehauen. Mit Freude habe ich erfahren, daß Sinn und Form es jetzt bringt. Wenn ich wieder auf den Beinen bin, mache ich gern einen Sprung zu Euch.

Barbara findet Dich »fetzig«, von wegen der Kutte, es war überhaupt ein Tag ungeteilter Triumphe für sie.

Bis bald, hoffe ich
und Gruß

Dein
Franz

3 CHRISTA WOLF AN FRANZ FÜHMANN

11. 11. 68

Lieber Franz –

wie das so ist: Eben ruf ich bei Dir zu Hause an, weil ich morgen in Berlin bin und ein Stündchen Zeit hätte: Da wollte ich Dich besuchen. Nun höre ich von Deiner Frau, daß Du krank bist. Es tut mir leid, wenn es mich auch nicht zu sehr wundert. Ich glaube, den Zustand ein bißchen zu kennen, in dem Du jetzt wahrscheinlich bist. Schlechte Zeiten für Nerven. Allerdings kann man mit Wut was machen: Die soll'n mich nicht unterkriegen.

Wenn Du wieder in Berlin bist – hoffentlich bald – kommen wir mal zu Euch, ja? Solange stärk Dich an der Seeluft und wandle durch die unbekannten Straßen, wo Dich auch keiner kennt.

Herzlich
Christa

4 FRANZ FÜHMANN AN CHRISTA WOLF

15. XI. 68

Liebe Christa,

schönen Dank für Deinen Brief und vor allem für das gute Motto: »Die sollen mich nicht –«. Nun, wir, die wir knödelessenden Völkern entstammen, wir Böhmen + Tiroler, tun uns etwas schwer und kapieren spät – und so hat es denn gedauert, bis ich ganz begriffen habe, daß »die« eben »die« sind. Habe ich's jetzt ganz kapiert? Ich wills wenigstens hoffen, denn ich habe auch etwas dafür gezahlt.

Hier liegt und spaziert sichs gut; Ende nächster Woche hoffe ich herauszukommen, und ich werde mich immer freuen, Dich und Gerhard und wenns möglich ist, Anettchen und Katinka zu sehen. Kommt, wann Ihr könnt, Ihr seid immer herzlich willkommen.

Mein Zustand ist schon sehr gut. Ich lese ganz ohne Auf-
regung, ganz gelassen, ganz ruhig die Tagespresse, vor allem
mein Lieblingsblatt. Daneben übersetz ich ein bißchen Halas, den großen Meister aus Kunštát und zähle die Schiffe im
Hafen. In der »Ostseezeitung« las ich heute, daß »*der Vor-
sitzende* des DSV auf seiner letzten Sitzung« beschlossen
habe, einen Kongreß einzuberufen. Karl Kraus hat mehrmals bemerkt, daß Druck- und Schreibfehler die einzige
Form für Gazetten sind, den eigentlichen Sachverhalt deutlich zu machen.
Lebt wohl! Hoffentlich bis bald!

Salut + Händedruck
Franz

5   CHRISTA WOLF AN FRANZ FÜHMANN

Kleinmachnow, den 20. 1. 71

Lieber Franz,
das war schön, daß Du Dein Buch geschickt hast, wir hatten es nämlich zu Weihnachten verpaßt und konnten es jetzt
nicht mehr bekommen. Haben es auch gleich gelesen.
Mir ist Deine Art der Vergangenheitsbewältigung augenblicklich besonders wichtig, weil ich auch etwas zu diesem
Thema vorhabe, eine Art Kindheitsbuch (aber auch wieder
nicht), autobiografisch (aber auch wieder nicht). Da fasziniert mich sehr, wie Du in diesen Geschichten – »Spiele-
reien« würd ich sie ja nun nicht nennen, es sei denn, in dem
Sinne, in dem alle Kunst »Spielerei« ist – in der Ich-Form so
verfremden kannst, erfindest und nicht erfindest, ein und
denselben Charakter in verschiedene Umstände, Familien
usw. stellst – zum Beispiel Vater und Sohn – und dabei, ohne
es zu sagen, die öde Gleichheit der bürgerlichen Verhältnisse
deutlich machst.

Ich habe mit Spannung gelesen, hintereinanderweg. Ich glaube eine Art Überdruck zu spüren, unter dem Du beim Schreiben stehst, oder unter dem Du immer stehst, weshalb Du schreiben mußt. Schon diese Satzgebirge scheinen mir das anzudeuten, man wird ja atemlos beim Lesen, und das soll man wohl. Die Unbedingtheit und Kompromißlosigkeit, mit der Du schon immer geschrieben hast, steigert sich eher noch, und nun passieren die tollsten Dramen in Bruchteilen von Sekunden, die tollsten Gefühlsumschwünge in Augenblicken. Diese ungeheure Dehnung bringt den Effekt hervor, den ein Naturwissenschaftler unter einem starken Mikroskop erlebt, vergrößernd, verzerrend, übersteigernd, manchmal bis ans fast nicht mehr Glaubhafte. Psychoanalyse ist ja gar nichts dagegen, und doch hat es eine ganze Menge damit zu tun.

Kurz und gut, ich kann im Schreiben nur einen einzigen Sinn finden, nämlich, daß wir uns selber kennenlernen, was uns ziemlich nötig ist. Und darum finde ich das so wichtig, was Du machst.

Ich grüße Dich herzlich, auch von Gerd.

Deine
Christa W.

6 GERHARD WOLF AN FRANZ FÜHMANN

20. 4. 71

Lieber Franz,

ich will mich doch noch mal offiziell an Dich wenden wegen eines Beitrages zu dem Band über Maurer. Sieh doch zu, daß Du ein paar Seiten wenigstens schreibst, gerade wenn Du fehlst, würde es unser Dichter auch nur schwer verschmerzen!

Vielleicht eine kleine Betrachtung von einem Gedicht ausgehend, das Du besonders magst, oder in Zusammenhang mit einem Band, der Dir etwas bedeutete – es braucht ja kein umfassender Aufsatz zu sein. Versuchs doch, bitte.

Termin, wie gesagt, leider schon der 1. Juli – aber sonst kommen wir zum Geburtstag im nächsten Jahr nicht mehr zu recht. Gib mir mal Bescheid,

viele Grüße von uns
Dein Gerhard W.

7 Franz Fühmann an Gerhard Wolf

M. Buchholz 7. 7. 71

Lieber Gerhard,

ich bringe doch nichts Essayistisches zusammen, aber ich habe bei meiner Arbeit an einem Auswahlband Nezval für Reclam ein Gedicht gefunden, das unsern Schorsch erfreuen könnte. Wenn Du glaubst, daß es in Deine Geburtstagsschrift paßt, dann nimm es.

Muß man Reclam um Erlaubnis fragen? Der Band kommt dort wahrscheinlich erst 73 heraus. Ich glaube nicht, daß sie etwas dagegen haben werden.

Gruß und Händedruck
Dein

[Anlage:] Franz Fühmann an Georg Maurer

Lieber Georg,

einem Dichter soll man Gedichte schenken, und wenn man selbst keine mehr macht, dann eben geliehene. Hier ist ein bislang im Deutschen noch unbekanntes von Vitězlav Nezval, dem großen Kind Mährens, mit dem Du, glaube ich, mehr als Titel und Thema gemeinsam hast. Möge es Dich, Saphirbrecher im Steinkohlenbecken der Kulturen, erfreuen und grüßen:

9

Die Elemente

Auf der Erde ein Alter im Wasser ein Weib im Feuer ein Mann
   in der Luft ein Kind
Das ist die Geschichte unsicher wie Proteus

Schollen schwieligen Handflächen ähnlich
Ein alter Landbewohner ein Ringer mit der Plantage
Zerbricht den Wind und macht Zaunlatten draus
Ein alter Landmann ein Skarabäus
Bricht Saphire im Steinkohlenbecken
Wie Zahnwurzeln
Er schleppt im Beutel zerspellte Gebirge mit sich herum
Seine Stirne ist eine Mühle
Dieser Propagator der Arbeit zertrümmert Felsen mit
   seinem Herzen
Er ist ein erbarmungsloser Riese
Seine Finger sind aus krummgebogenen Wurzeln
Sein Glied ist von einem Scheunendrescher
Er stößt mit Gedanken an sein Haus
Und erschüttert es in den Grundfesten
Brutal wie eine Kanone
Auf der Brust mit Disteln bewachsen
Haßt er die Zartheit
Wenn er schläft rollen Splitter von Split die Abhänge abwärts
Wenn er schläft quellen endlich aus seinen Schläfen die Nattern
   der Flüsse
Geben wir also für einen Moment das Wort seinen Töchtern
Denen er Knochen aufgezwungen
Aber das ist auch alles
Sie verheimlichen dieses ihr Erbmal so sehr sie können
Räckeln sich rückgratlos im Samt des Schilfbetts
Und repetieren fingernd die ewigen Triller
Ihre Zunge ist überall wohin Wasser drang

Ihre Zunge rauh wie eine Wabe
Denk an die Erinnyen des Regens
Die euch totküssen möchten
Nach einem Angsttraum findet ihr morgens ihre kurzen Küsse
   auf eurer Stirn
Manchmal lassen sie sich mit Regenbogen zur Königin krönen
Ihr könnt sie auch im Speichel spüren
O Fluß der die Mirabelle durchkreist
Meine Verse bekennen deine Walzergeschmeidigkeit
Du spitzentanzender Fluß
Der du mit deiner Kühle Feuer vortäuschst
Mein eigentliches Element

Wenn sich zwei Flüsse mit ihren Skeletten reiben bricht
   Feuer aus
Verfolgen wir den Marathonläufer den Fackelträger
Im Feld versteckt droht er durch den Klatschmohn
Sein Tritt brennt der Erde Heidekraut ein
Er spuckt wie ein Vulkan aus den Apfelbaumkronen
Wenn er mit dem Kamm an sein Haar rührt brennst du
   o Sternnacht
Sein Fuß ist Blitz
Springt wie auf der Zimbel
Und macht die Truthähne verrückt
Er kniff den Eisvogel unter dem Bauch
Und streut wie ein Brandstifter Feuerkäfer auf Raine
Seine roten Augen gucken durchs Kirschlaub
Der Frühling errötet gedenkt er seines Feuerwerks
Früh und abends tritt er an die Flüsse heran
Wie Narziß in den Spiegel

Ich horche dem Gesumm der Fliege
Und sehe wie die Luft geboren wird
Gespannt auf der höchsten Saite

Lauter Gedächtnis
Eine Wolke
Ein Phantom das Pferdenüstern ausstoßen
Ein Dudelsackpfeifer der eine Lunge geschultert hat
Ein schwebender Abend
Mit Kindertränen
Die in Griesbrei gerinnen
Den mir der Wind in den Mund treibt
Damit daraus ein Seufzer entweiche
Wie eine schlafende Biene
Wie die unendlich entfernten zerplatzenden Blasen des
    Regenbogens
Unser Leben ist schließlich nichts als der Elemente
    Zusammenspiel
Unser Leben unser Tod
Unsre Liebe unser Leid unsre unendlich veränderliche
    Geschichte

                                    Glück auf, Georg
                                    Dein
                                    Franz

8 Gerhard Wolf an Franz Fühmann

                                              28. 2. 72
Lieber Franz,
    ich höre, Du brauchst Maurers letztes Manuskript. Ich
habe nur noch dieses Arbeitsmanuskript, bevor es noch einmal abgeschrieben wurde, mit den letzten Korrekturen und
Strichen (besonders in Revolutionsskizzen fiel noch einiges
weg, weil es ihm alles zu illustrierend war). Wirklich schön
finde ich Schönheit und Erwachen nach schwerer Nacht,
Stücke aus dem letzten Zyklus Erfahrene Welt.
    Über ›Erwachen‹ habe ich etwas für den Band über Mau-
rer geschrieben, der in der nächsten Woche verabschiedet

werden soll. Da steht noch Deine Nezval-Übertragung. Solltest Du jetzt noch etwas schreiben, wäre es schön, und ich würde Dich bitten, mir *sogleich* einen Durchschlag zu schicken, daß wir es noch aufnehmen können. Ich glaube der Band wird ganz anständig. Schick mir auch dieses Manuskript zurück, sobald Du es nicht mehr brauchst.

Herzliche Grüße
von uns
Gerhard

9 FRANZ FÜHMANN AN CHRISTA WOLF

Berlin, 18. III. 72

Liebe Christa,

herzlichen Dank für Dein Buch; es kam heute an, und ich freu mich, es zu lesen. Ich fahre jetzt nach Rostock, ein Manuskript fertigmachen, und werde es mir in die Aktentasche packen, als Gebrauchsgegenstand, zu Äpfeln, Stullen, Papier und Schreibzeug.

Herzlich, Händedruck, Dein
Franz Fühmann

10 FRANZ FÜHMANN AN CHRISTA UND GERHARD WOLF

Franz Fühmann   26. 2. 73

Christa + Gerhard

Liebe Freunde,

danke schön, es hat geklappt!

Der Zufall im Kleinen und Übereinstimmung im Großen haben eine ganz verrückt schöne Auswahl zusammengebracht. Es ist von allem was da, und der Jubilar wird sich freuen.

Ich müßte jedem von euch einzeln und besonders danken; bitte nehmt mit diesem allgemeinen Dank vorlieb.

Es geht jetzt so weiter: Ich lasse die Beiträge jetzt einheitlich abschreiben* und reihe sie einfach alphabetisch aneinander. Warum soll ich den Surrealisten in mir verleugnen. Was der Zufall zusammenfügt, soll der Mensch nicht trennen. Beim nächsten Treffen mit Erich, entweder zum Geburtstag oder eben dann hinterher ist Gelegenheit, die einzelnen Beiträge zu unterzeichnen und eine Widmung dazuzuschreiben.

Nochmals Dank, Händedruck, einen schönen März

euer

* die euren nehme ich so, wie sie sind, natürlich mit Titelblatt + Widmung.

Ahoi

Franz

11 GERHARD UND CHRISTA WOLF AN FRANZ FÜHMANN

am 1. 12. 74

Lieber Franz, Du siehst, wie Deine Anregungen auf fruchtbaren Boden gefallen sind, und weil uns das gut gefallen hat:

Wir haben überlegt, wir wir Stephan Hermlin zu seinem 60. Geburtstag am 13. 4. 1975 am besten unsere Verbundenheit zeigen können und möchten eine Mappe mit Beiträgen seiner Freunde und Kollegen, die ihm nahestehen, zusammenstellen: Einen Gruß, einen Brief, ein paar Seiten einer neuen Arbeit, in Vers oder Prosa, Stephan betreffend oder ihm gewidmet.

Wieland Förster würde die Gestaltung der Mappe übernehmen, und es wäre schön, wenn wir die Beiträge, mit der Hand oder der Maschine geschrieben (auf DIN A 4 Format mit breitem Rand zum Heften) bis zum 1. Februar 1975 hätten, um sie binden zu lassen. Wir würden uns sehr freuen, wenn unsere Anregung gut aufgenommen wird und danken schon jetzt herzlich für die Mitarbeit

Eure
Gerhard Wolf
+ Christa

12 FRANZ FÜHMANN AN GERHARD WOLF

[75]

Lieber Gerhard,

ich hab einen Schreck gekriegt, als ich Deinen Brief in die Hand nahm, mich zu regenerieren – ich hab mich um einen vollen Monat vertan!

Hoffentlich ist es nicht zu spät, sonst lege die Blätter halt dazu.

Was sagst Du zu Kurt Batt? Zur Strecke gebracht – und jetzt wird man fromme Tränen ausstellen!

Händedruck,
Gruß an Christa
Franz

13 FRANZ FÜHMANN AN CHRISTA WOLF

Märkisch Buchholz 10. 10. 75

Liebe Christa,

gute Besserung. Schade, daß Du nicht mitmachst. Ich hoffe, es wird schön provokativ!

Sehn wir uns zu P.E.N.? – Ich war jetzt bei Herrn M. W. Schulz – (Verzeihung: Herrn Prof. M. W. Sch.) zu einer Le-

15

sung und einer ganz interessanten Diskussion. – Ich habe ihn öffentlich auf seine Rede auf vorletztem Schriftst.kongreß angesprochen – er hat es aus Idealismus getan, sagt er, (und nach dieser Sitzung (jetzt) habe er sich hinlegen müssen, erzählte dann sein Weib).

Wo fährst Du hin? Nach Australien? Deine Haushälterin (oder wer?) sagte am Tel., Du hättest mir geschrieben. Ich hab nix gekriegt.

Gruß, natürlich auch an Gerhard

Franz

14 CHRISTA WOLF AN FRANZ FÜHMANN

13. 10. 75

Lieber Franz,

mir ging es neulich so schlecht, daß ich nicht ans Telefon hätte kommen können, selbst wenn unser liebes Fräulein Stürmer Deinen Namen richtig verstanden und mir übermittelt hätte. So glaubte ich, da sei ein anderer, an den ich allerdings wirklich geschrieben hatte. Aber es ging, soviel ich sehe, um die gleiche Veranstaltung ... Jedenfalls sind wir einfach nicht da, morgen fahren wir in die Schweiz. Daher auch keine Anwesenheit beim PEN. – Amüsiert hab ich mich über den Idealisten Max Walter. In Deutschland hält sich einer immer dann für einen Idealisten, wenn er den Schmerz noch fühlt, mit dem ihm das Kreuz gebrochen wird.

Frau Köpp vom Rundfunk kam neulich auf die Idee, uns beide mal vor ein Mikrophon zu setzen, auf daß wir diskutieren. Worüber, könnten wir weitgehend selber bestimmen. Ich weiß nun nicht, ob Dir sowas Spaß machen würde. Ich habe gesagt, wenn überhaupt – ich drängle mich nicht – würde ich es nur mit jemandem wie Dir machen. Aber fühl Dich nicht bedrängt. Sie wird demnächst mit Dir reden.

Leb wohl, hoffentlich mal auf bald (wir gehen ja mit der Idee um, für die Wintermonate nach Berlin zu ziehen),

Gruß, auch von Gerd
Deine C.

15 Franz Fühmann an Christa Wolf

Märkisch Buchholz
11. 11. [76] 11[11]

Christa,

ich schreib Dir via Schriftstellerverband, weil ich Deine neue Adresse nicht habe (und zu was sollte der Verband doch gut sein!), und ich schreib Dir aus 4 Gründen:

1.) weil ich das dunkle Gefühl nicht los werde, daß ich an Dir im Antiquariat in der Karl-Marx-Buchhandlung vorbeigelatscht bin (ich war nach was aus, und bis es dadurchhindurch dämmerte, daß es Dich oder etwas Dir sehr Ähnliches dort gab, verging 1 Stunde) – sollte das der Fall gewesen sein, bitte nicht bös gewesen sein, ich vergesse dort alles;

2.) weil ich Dir so warm wie einst Du mir eine Lesestätte ans Herz legen möchte: Genthin. Ich hab dort jetzt gelesen, da entsteht etwas, unter unsäglichen Bedingungen, ein Literaturclub und Lit.zirkel, mühseligste Umstände, aber ein ungewöhnliches Publikum, mit der Chance, daß da so eine Art Hoyerswerda werde, nur: Die haben keine Verbindung, keine Ahnung, sehr viel Angst, jemand anzusprechen (was positiv ist), und auf mich kamen die, weil ein Mädchen dort mal Kulturweib im Rat des Kreises war, die in meinem Haus gewohnt hatte. Also ich hab dort gelesen, in einem Kulturschuppen, ohne Gastronomie, aber umwerfend gut! Nun haben die Sorgen, daß der Anschluß gehalten wird (ich war der Start), und die hätten Dich gern im Frühjahr und trauen sich nicht. Ich hab denen versprochen, Dich zu bitten – wenn Du könntest, schreib mir doch 1 Zeile, und ich schreib dorthin, daß sie Dir offiziell schreiben, so kompliziert ist das, aber das ist besser als unverschämt und nix dahinter.

3.) weil die gute Luise Köpp noch immer mit ihrem Gespräch mit uns zwei beiden im Hintergrund steht und zappelig wird, und ich fänds auch schön. Natürlich, das Problem ist, worüber könnten wir uns streiten? Irgendwas müßte uns doch einfallen! Wollen wir nicht doch mal?

Und 4.) weil ich alles so unsagbar beschissen finde, inklusive dieser unsäglichen Kunze-Affaire, ein miserables Buch, und eine Aufblähung, und Böll liegt auf dem Buch, und Hans Mayer, und wir verbietens natürlich, und der PEN interveniert, und wir werden ruppig, und die Jugend schreit und hälts für das Nonplusultra der Literatur, und sie schreibts ab (die Jugend) und wird dafür eingesperrt werden – könnten wir uns darüber unterhalten? Ob das geht? Aber da werden wir uns ja auch wieder einig sein. Dafür plädieren, daß das Ding hier gedruckt wird, damit man sich wirklich ein Urteil bilden kann, und dann ruhig sagen: Bittschön, so aber nun wirklich nicht. – Wir kriegen jetzt die Helmut Preislers und Schulz' und Seegers und tutti quanti durch die Hintertür wieder rein! So rächt sich das! Man sollte diese List der Geschichte bewundern.

Im Übrigen – mein Verlag ist kaputt, die Entwicklung wird böse, ich hab zu nichts Lust mehr.

Bitte fahr nach Genthin.

Herzlich, Händedruck
Franz

Bitte schreib 1 Zeile.

16 Franz Fühmann an Willi Stoph

Märkisch Buchholz
16. 11. 76

An den
Vorsitzenden des Ministerrates der
Deutschen Demokratischen Republik
102 Berlin
Klosterstraße 47

Sehr geehrter Herr Stoph,
   aus Radio und Fernsehen erfahre ich bestürzt von dem Be-
schluß, dem Sänger und Dichter Wolf Biermann die Rück-
kehr in die DDR zu verwehren.
   Ich halte es als Bürger und Schriftsteller der Deutschen
Demokratischen Republik nicht nur für mein Recht, sondern
auch für meine Pflicht, Ihnen mitzuteilen, daß mich diese
Maßnahme sowie ihre Modalitäten aufs Äußerste verstört
und beunruhigt, ich sie weder mit dem Wesen, noch mit der
Würde, dem Ansehen und auch der Stärke dieses meines Staa-
tes vereinbaren kann. Mich schrecken Spuren; ich sehe wach-
senden Schaden und fürchte die Folgen.
   Ich kann und will darum einfach nicht glauben, daß diese
so tief bedauerliche Entscheidung schon das letzte Wort in
dieser Sache darstellt. Sollte Ihnen, verehrter Herr Vorsit-
zender, an einer eingehenderen Darstellung oder Begrün-
dung meiner Meinung gelegen sein, so stehe ich selbstver-
ständlich dafür zu jeder beliebigen Stunde zur Verfügung.
   Ich bleibe, in tiefer Betroffenheit,

Ihr sehr ergebener
F.

20. XI. 76

Liebe Christa,
    Lieber Gerhard,

die schöne Karte zeigt, wie der
Pegasus eines nicht weiter genannten
H. K. zu neuem Einsatz vorbereitet
wird.
Anbei die Spiegelgeschichte. Ich
glaube, der Firnus wird sie jetzt
nicht drucken. Sonst: F. C + B. Sch?
            Kriminell, nicht? Gruß Franz

17 FRANZ FÜHMANN AN CHRISTA UND GERHARD WOLF

20. XI. 76

Liebe Christa,
lieber Gerhard,
    die schöne Karte zeigt, wie der Pegasus eines nicht weiter
genannten H. K. zu neuem Einsatz vorbereitet wird.
    Anbei die »Spiegelgeschichte«. Ich glaube, der Girnus
wird sie jetzt nicht drucken. Sonst: F. C + E. Sch? Kriminell,
nicht?

Gruß Franz

18 FRANZ FÜHMANN AN CHRISTA WOLF

[Ende November 76]

Christa, siehst du, *die* kriegt sowas nicht! – werden wie *die*,
das wäre eben die Lösung für alles.
    Die Abgeschiedenheit im Wald hat ihr Gutes + Schlechtes:
Man ist auf die Zeitung angewiesen. Auf euch saust jetzt der
Hauptschlag nieder. Ich kann mir's vorstellen, und doch auch
wieder nicht, weil ich diese Bindung nicht habe (wohl: hatte),
aber eben, seit der Rückkehr aus dem Stacheldraht des Lagers,
nicht die organisatorische Bindung, die ja nicht bloß organisatorisch ist. – Aber jedenfalls kann ich mir vorstellen, was
sich hinter den 10 Zeilen dieser Notiz über die Abstimmung
verbirgt. – Tiefe Verbeugung. – Noch einmal: *die* hätte es anders. Aber das ist's ja eben. Ich bin zwischen Weihnacht/Neu-
jahr in Berlin + rufe mal an. Bitte schreibt mir eure Tel.num-
mer nach Adresse Strausb. Pl. – Dann alles Andere. –

Händedruck, Gruß Franz

21

Deutsches Sportmädel

Wiechmann-Foto-Karte · Echte Fotografie

Christa, siehst Du, die kriegt's was nicht! – werden wie die,
das wär eben die Lösung für alles.
Die Abgeschiedenheit im Wald hat ihr Gutes + Schlechtes: Man ist
auf die Zeitung angewiesen. Auf euch sonst jetzt der
Hauptschlag nieder. Ich kann mir's vorstellen, und doch auch
wieder nicht, weil ich diese Bindung nicht habe (wohl
hatte), aber eben, seit der Rückkehr aus dem Stacheldraht des
Lagers, nicht die organisatorische Bindung, die ja nicht bloß
organisatorisch ist. – Aber jedenfalls kann ich mir vorstellen,
was sich hinter den 10 Zeilen dieser Notiz über die Abstimmung
verbirgt. – Tiefe Verbeugung. – Noch einmal: die hätte es
anders. Aber das ist's ja eben.
Ich bin zwischen Weihnacht/Neujahr in Berlin + rufe mal an.
Verlag Hermann A. Wiechmann, München · Nr. 24 Sie schreib mir eine Tel.nummer nach St. – Dann

22

19 CHRISTA WOLF AN FRANZ FÜHMANN

Dichterliedchen

Im neblichten Monat November war's,
die Blicke wurden trübe,
da ward eine Affaire zur Staatstaktion –
aus Furcht vor Trauer und Liebe.

Im schönen Monat Dezember war's,
die Tage wurden kälter,
da küßte mancher manchem den Ars –
wir Kumpels werden halt älter.

Nun kömmt der frostklare Januar –
mit ihm die neuen Lieder.
Die Miserere ist vorbei.
Monsieur – wir finden uns wieder.

Dem Waldmenschen Fühmann
von der Stadtfrau Christa

gegeben im Dezember Anno 1976

20 FRANZ FÜHMANN AN CHRISTA UND GERHARD WOLF

11. XII. 76

Liebe Christa, lieber Gerhard,
   auch ein Kindheitsmuster. – Dank für das Buch, und das Gespräch sollten wir jetzt unbedingt machen.
   Ich höre hier, um sieben Ecken herum, die schlimmsten Dinge. – Stimmt es, daß G. W., S. K., J. B. ausgeschlossen sind? St. H. widerrufen? Ich weiß hier gar nichts. Zu allem Überfluß habe ich mir hier eine ganz dämliche, schrecklich

23

schmerzhafte Wirbelsäulengeschichte eingehandelt. Der liebe Gott ist der grausamste Sadist. – Ich bin Dienstag beim Arzt in Berlin + rufe euch vormittag an, bitte findet ½ St. Zeit, ich muß unbedingt einmal vorbeikommen. Und: fröhliche Weihnacht, gelle!

Franz

21 FRANZ FÜHMANN AN CHRISTA WOLF

13. 12. 76

Liebe Christa,

   da ich doch kein Buch hab, das Du nicht hast (ich meine von mir) weiß ich nicht, wo ich Dir eine improvisierte Fortsetzung des Dichterliedchens reinschreiben könnte, so schicke ich Dir noch eine Geschichte, die letzte von drei mythischen. Ich glaub, die ist ganz realistisch, so gehts zu, wenn man sich mit oben anlegt, aber es muß sein, man erfährt sich dann. Aber erst mal die Fortsetzung:

Und als dann der liebliche Frühling kam,
und Gräser und Blümelein sprossen,
da haben Monsieur wir wiedergesehn,
im Kreis der vertrauten Genossen.

Und siehe, Monsieur war der alte wie je,
und lag wie immer noch richtig.
Denn beim Richtig-Liegen, Schwester, versteh,
ist einzig die Haltung nur wichtig,

nicht was man vertritt, darauf kommts nicht an,
nur: daß man ans Oben sich halte,
und wechselt er Meinungen auch wie sein Hemd,
Monsieur bleibt immer der alte.

Und sagt er im März, weswegen man uns
im kalten November gescholten,
dann hat ers schon immer gesagt gehabt,
und ihm wirds mit Ehren vergolten.

Dann ist es Mai, und die Blümelein blühn,
und bald auch duftet der Flieder,
und wenn wir Monsieur dann demütig nahn,
erkennt er, vielleicht, uns auch wieder.

So ist's, schön + gut, gelle?
Frohes Fest, ihr beide!

Händedruck
Franz

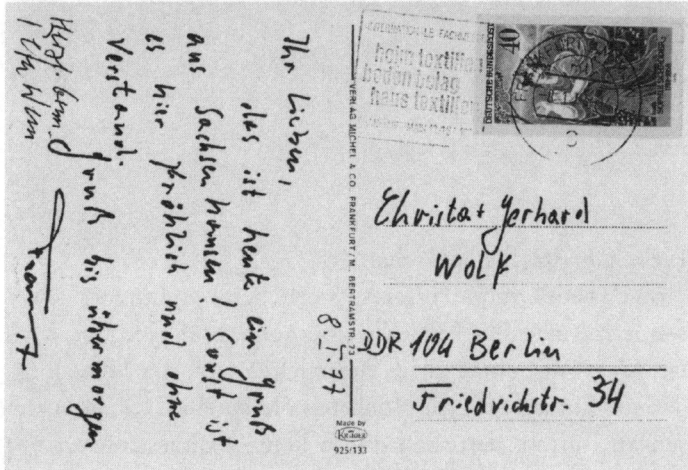

22   Franz Fühmann an Christa und Gerhard Wolf

8. I. 77

Ihr Lieben,

das ist heute ein Gruß aus Sachsenhausen! Sonst ist es hier fröhlich und ohne Verstand.   Gruß bis übermorgen Franz

23 FRANZ FÜHMANN AN CHRISTA UND GERHARD WOLF

Erich Mielke besten Gruß.

MB

25. II. 77

Liebe Christa, lieber Gerhard,

ob das ein Urahne unseres väterlichen Beschützers gewesen ist? Auf jeden Fall ist sie hervorragend geeignet, euch wieder einmal einen Gruß zu schicken samt der Mitteilung, daß die Gunst, unserm Höchsten Herrn ein Gedicht vorlesen zu dürfen, natürlich durch keine Konzession erkauft war. Euer Namensvetter Konrad hat darauf bestanden, und seitdem es im ND stand, grüßen jene Funktionäre Strausberg. Pl. 1 meine Frau wieder, die ihr bis dahin die Schwingtüre auf den Kopf fallen ließen, wenn sie mit Einkaufsnetzen beladen kam. – Einer bat sie, bei mir ein gutes Wort einzulegen, daß ich in seiner Dienststelle aus meinen hervorragenden Werken lese. Anschließend hielt er sicher einen Vortrag über soz. Moral.

Grüße Franz

einem Brief zu schicken samt der Mitteilung, daß die Kunst, unserm Höchsten Herrn ein Gedicht vorlesen zu dürfen, natürlich durch keine Konzession erkauft war. Euer Namensvetter Konrad hat darauf bestanden, und seitdem es im ND stand, grüßen jene Funktionäre Strausberg. Pl. 1 meine Frau wieder, die ihr bis dahin die Schwingtüre auf den Kopf prallen ließen, wenn sie mit Einkaufsnetzen beladen kam. – Einer bot sie, bei mir ein gutes Wort einzulegen, daß ich in seiner Dienststelle aus meinen hervorragenden Werken lese. Anschließend hielt er sicher einen Vortrag über soz. Moral.

24 FRANZ FÜHMANN AN GERHARD HENNIGER

Liebe Wölfe,
zu eurer Information.

Gruß Franz

28. 2. 77

An den
Ersten Sektretär des
Verbandes der Schriftsteller der DDR
108 Berlin
Friedrichstraße 169

Sehr geehrter Herr Henninger,
  da ich an der kommenden Vorstandssitzung wegen meines Mitwirkens an der Veranstaltung zum 70. Geburtstag Georg Maurers in Leipzig nicht teilnehmen kann, übersende ich Ihnen, um jedem etwaigen Mißverständnis vorzubeugen, eine Zusammenfassung des mich betreffenden Teils unserer Unterredung vom 27. 2. 77.

Ich bin gern bereit, einen erheblichen Teil meiner Arbeitszeit und Arbeitskraft der Lösung des quälenden, für mich in seiner anhaltenden Ungelöstheit schwer erträglich gewordenen Problems zu widmen, einem in der Deutschen Demokratischen Republik lebenden, für sie arbeitenden und ihr durch persönlichste Konfessionen und mit seinem gesamten literarischen Schaffen verbundenen Schriftsteller die Möglichkeit zu geben, sich in einer ernsten Frage auch dann an seine Leser zu wenden, wenn er mit einer Doktrin oder Entscheidung seines Staats oder seiner Gesellschaft nicht überstimmen kann. Zum Begriff des Schriftstellers gehört der Begriff der Öffentlichkeit, und der ist ebensowenig teilbar wie der des Schriftstellers selbst. Meine Mitwirkung an dem eine Ausbürgerung betreffenden Brief sowie alle Schlußfolgerungen daraus können nur in diesem Komplex gesehen und behandelt werden. Jede einseitige Erklärung kann nur geeignet sein, die Sicht auf diese Problematik zu verbauen.

Ich habe ferner zum Ausdruck gebracht, daß ich für klare Verhältnisse bin. Sollte eine Weiterarbeit im Vorstand des Schriftstellerverbandes nur unter Voraussetzung eines Abgehens von der dargelegten Position für möglich erachtet werden, so muß der Vorstand seine Konsequenz ziehen und mich ausschließen. Sofern diese Entscheidung nicht mit irgendeiner Unterstellung verbunden ist, beabsichtige ich nicht, gegen sie anzugehen.

Eine Durchschrift dieses Schreibens übersende ich an das Mitglied des Präsidiums des Schriftstellerverbandes Kurt Stern.

Ich bleibe mit vorzüglicher Hochachtung

Ihr
F.

25 FRANZ FÜHMANN AN GERHARD HENNIGER

11. 8. 77

An den
Ersten Sekretär des
Verbandes der Schriftsteller der DDR
Herrn Henninger
108 Berlin
Friedrichstraße 169

Sehr geehrter Herr Henninger,
   die bedeutendste zeitgenössische Dichterin deutscher Sprache wird die Deutsche Demokratische Republik verlassen! Diese Nachricht hat mich bestürzt und erschüttert, und mit mir viele Bürger dieses meines Landes. Täglich erreichen mich Briefe voll Trauer, Sorge, Ratlosigkeit, Fragen – doch wozu teile ich Ihnen das mit?
   In mehreren Briefen an Sie habe ich seit jenem November-ärgernis immer wieder meine Bereitschaft bekundet, die eigene Arbeit hintanzustellen, um ernsthaft über unaufschiebbar gewordene quälende Probleme unseres Literaturlebens beraten zu helfen – ich bin nicht einmal einer Eingangsbestätigung gewürdigt worden. Mein letzter Versuch vor einigen Tagen, aus dem aktuellen Anlaß ins Gespräch zu kommen, hat mich endgültig davon überzeugt, daß im Sekretariat des Schriftstellerverbandes entweder keine Neigung besteht, ernsthaft über diese Probleme zu sprechen, oder wenn schon, dann nicht mit mir. – Gut, ich werde mich nicht mehr aufdrängen. – Ich war noch einmal so naiv gewesen zu hoffen, daß, wenn schon nicht meine Trauer, so doch meine Bestürzung geteilt werden würde, aber ich habe, um es sehr zurückhaltend zu formulieren, nur eine mit Phrasen drapierte Genugtuung über eine Entscheidung gefunden, deren Vollzug ich als einen unersetzbaren Verlust empfinde, dieweil er anderswo offenbar als eine Art Flurbereinigung betrachtet wird.

Sarah Kirsch wird uns also verlassen, Bernd Jentzsch ist nicht mehr zurückgekommen, Jurek Becker ist aus dem Verband ausgetreten, und ich begehre an Weiterem nicht schuld zu sein. Ich will nicht im Vorstand eines Verbandes arbeiten, dem solche Verluste nebensächlich erscheinen, denn anders kann ich die gänzliche Unbereitschaft, über die Gründe nachzudenken, nicht mehr verstehen.

Andrerseits will ich keinen Eklat, und gerade jetzt nicht, zu dieser Zeit hämischster Freude des Feinds, der ganz genau weiß, wie sehr uns dieser Verlust schwächt, und mehr noch die Gleichgültigkeit über ihn. Wenn ich die letzte Vorstandsitzung richtig verstanden habe, ist nächstes Frühjahr Schriftstellerkongreß, und mit der Wahl des neuen Vorstands werden sich alle personellen Veränderungen auf sachliche Weise erledigen. Ich teile Ihnen deshalb in aller Form mit, daß ich für den neuen Vorstand nicht mehr kandidiere; ich nehme an, daß dies auch Ihren Intentionen entspricht. Bis dahin werde ich an der Arbeit des Vorstandes nicht mehr teilnehmen; ich will es Ihnen überlassen, ob Sie das mitteilen oder nicht. In diesem Zusammenhang ist denn auch Ihr Schreiben betreffs der Veranstaltung zum 60. Jahrestag der Großen Sozialistischen Oktoberrevolution beantwortet: Da dies eine Veranstaltung von Vorstandsmitgliedern ist, kann ich – was mir leid tut und ich bedaure – mich nicht beteiligen. Ich möchte ganz nachdrücklich hinzufügen, daß dies mit dem Anlaß der Veranstaltung natürlich nicht das Geringste zu tun hat und warne ebenso nachdrücklich, anders lautende Versionen in Umlauf zu setzen.

Auf dies Schreiben erwarte ich keine Antwort; nachdem alle anderen ohne Antwort geblieben sind, ist dies ein durchaus passender Abschluß einer zwanzigjährigen Tätigkeit.

Ich wünsche Ihnen persönlich weiterhin ein unbeschwertes Gewissen, und bin
mit ergebener Hochachtung
F.

Durchschrift:
Leiter der HV Buchhandel und Verlagswesen
Kurt Stern, Mitglied des Präs. des Verbandes
Stephan Hermlin, Christa Wolf, Mitglieder des Vorstandes d.
Vbd.

[Anlage:] FRANZ FÜHMANN AN KLAUS HÖPCKE

11. 8. 77

An den
Leiter der Hauptverwaltung
Buchhandel und Verlagswesen
im Ministerium für Kultur
108 Berlin
Clara-Zetkin-Straße 90

Sehr geehrter Herr Minister,
zu Ihrer Information übersende ich Ihnen die Durch-
schrift eines Schreibens an den Sekretär des Schriftstellerver-
bandes.
Ich darf hinzufügen, daß ich Ihnen oder Ihren Mitarbei-
tern bei jedem Versuch, den so spürbar und sichtbar und hör-
bar unguten Zustand unseres literarischen Lebens im Sinne
des achten und neunten Parteitags der SED zu normalisie-
ren, jederzeit zur Verfügung stehe. Eine Normalisierung sehe
ich selbstverständlich nicht in administrativen oder bürokra-
tischen Maßnahmen, am wenigsten in einer Verweigerung
von Reise- oder auch Ausreisewünschen, sondern in der Her-
beiführung eines Zustands, der Wünsche, unser Land zu ver-
lassen, gegenstandslos macht. Das Zentralproblem dabei ist
meiner Meinung nach das der fehlenden Öffentlichkeit. Es
hat mancherlei Aspekte, unter anderem auch einen juridi-
schen. Sein Hauptaspekt aber ist der moralische.

Vom Schriftstellerverband erhoffe ich nicht das Geringste; einen Austritt beabsichtige ich nicht. Ob es sinnvoll sein wird, sich am Kongreß zu beteiligen, wird sich zeigen: Illusionen gebe ich mich nicht mehr hin.

Nachdenken über die Zukunft erfüllt mich mit tiefer Sorge. Ich will Ihnen, Herr Minister, gestehen, daß ich Angst habe, und ich weiß, daß namhafte und absolut integre (oder muß ich schon schreiben: bislang als namhaft und integer angesehene) Kollegen dieses mein Gefühl teilen.

Ich will versuchen, mich auf meine Arbeit zu konzentrieren; sollten Sie der Meinung sein, daß ich mit meinen bescheidenen Kräften etwas zur Besserung der Lage tun kann, lassen Sie es mich bitte wissen.

Ich bleibe mit vorzüglicher Hochachtung und allen guten Wünschen

26 CHRISTA WOLF AN FRANZ FÜHMANN

Berlin, den 14. 8. 77

Lieber Franz,
   hier mein Brief. Es ist klar – nicht zur Weitergabe bestimmt.

Sei gegrüßt
Christa

[Anlage:] CHRISTA WOLF AN DAS PRÄSIDIUM
     DES SCHRIFTSTELLERVERBANDES

14. August 1977

Werte Kollegen,
   die Tatsache, daß Sarah Kirsch die DDR verläßt, ist für mich ein Vorgang von großer menschlicher, literarischer und

*politischer Tragweite. Ich sehe nicht, daß er im Schriftsteller-
verband so begriffen und behandelt werden wird; schon
höre ich erste Stimmen, die die Integrität von Sarah Kirsch in
Frage zu stellen suchen: Es werden die gleichen sein, die durch
Diffamierungen und Demütigungen ihren Anteil daran haben, daß Sarah Kirsch nicht mehr hier bleiben will. Kein
Vertreter einer Leitung des Schriftstellerverbandes, in dessen
Vorstand Sarah Kirsch war, hat es für nötig gehalten, sich bei
ihr nach den Gründen für ihren Entschluß zu erkundigen. –
Selbstverständlich bin ich dafür, daß Ausreisewillige ausrei-
sen dürfen. Dem Schriftstellerverband und seinen leitenden
Organen aber stünde es wohl an, sich über ihre Mitverant-
wortung an dieser katastrophalen Entwicklung Rechenschaft
zu geben.*

*Allerdings entbehrt die Atmosphäre im Verband zur Zeit
jeder Voraussetzung dafür, die tief beunruhigenden Fragen,
die nicht nur dieser Verlust,´er aber besonders aufwirft, in
angemessener Weise aussprechen und diskutieren zu können.
Aus Erfahrung weiß ich, daß ich diese Lage nicht verändern,
die Atmosphäre nicht beeinflussen kann. Meine Hoffnung ist
erschöpft. In Vorgänge, die ich nicht durchschaue und verstehe, kann ich mich nicht einmischen. Ich will auch nicht
schweigend dabeisitzen, wenn taktische Varianten für diese
oder jene Verfahrensweise ausgehandelt werden. Es bleibt
mir also keine Wahl: Ich erkläre hiermit meinen Austritt aus
dem Vorstand des Schriftstellerverbandes der DDR.*

Christa Wolf

*Eine Kopie dieses Briefes erhält der Generalsekretär der
SED, Genosse Erich Honecker.*

[Anlage:] CHRISTA WOLF AN ERICH HONECKER

14. August 1977

An den
Generalsekretär der SED und
Vorsitzenden des Staatsrats der DDR
Genossen Erich Honecker

Sehr geehrter Genosse Honecker,
  ich möchte Ihnen einen Brief zur Kenntnis bringen, den ich heute an das Präsidium des Schriftstellerverbandes der DDR geschickt habe. Sie entnehmen daraus meine Überzeugung, daß ich im Augenblick im Schriftstellerverband nicht wirksam werden kann. Sollte sich ein Ansatz für ein echtes Gespräch über die Probleme ergeben, die sicherlich nicht nur mich sehr stark beunruhigen, stehe ich dafür zur Verfügung.
  Gestatten Sie mir, noch ein Anliegen vorzubringen: Seit Monaten quält mich der Gedanke, daß junge Leute, die sich im November vorigen Jahres für die Rückkehr Wolf Biermanns in die DDR eingesetzt haben – was ich, wie Sie wissen, auch tat – in Untersuchungshaft sitzen. Ich kenne sie nicht und kenne nicht die Einzelheiten, das Verfahren gegen sie betreffend. Aber ich bitte Sie herzlich und dringend: Erwirken Sie kraft ihres Amtes ihre Freilassung. – Ich weiß, wie naiv diese Bitte in der politisch angespannten Atmosphäre dieser Monate wirken kann. Ich habe sie mir lange überlegt. Ich halte sie nicht nur für menschlich gerechtfertigt, sondern auch für politisch vertretbar. Ihre Erfüllung würde der Partei einen großen Zuwachs an Vertrauen bringen.
  Ich verhehle nicht, was aus diesen Briefen sicherlich hervorgeht: Ich befinde mich in einem Zustand schwerer Trauer und Sorge. Die Hauptquelle für diesen Zustand ist die verheerende Erfahrung, daß die Partei und unser Staat Genos-

sen und Kollegen von sich abstoßen, die niemals unsere Geg-
ner waren oder sein wollten. Ich habe dafür keine Erklärung
und auch keine Worte mehr.

Mit sozialistischem Gruß

27 FRANZ FÜHMANN AN CHRISTA WOLF

Märk. Buchholz
4. 9. 77

Liebe Christa,

ich habe erst jetzt in meinen Wald das letzte Heft von
SINN UND FORM geschickt bekommen, und Du sollst
wissen, daß ich der Frau Auer ihre mir durch eine persönliche Widmung zugeeigneten Bücher mit einem entsprechen-
den Verweis zurückgesandt, und an die Redaktion folgendes
Telegramm geschickt habe: Lese mit äußerster Empörung
den infamen Anwurf von Frau Auer gegen Christa Wolf er-
wäge Austritt aus dem Redaktionsbeirat.

Ich muß sagen, daß es mir buchstäblich die Sprache ver-
schlagen hat und noch verschlägt – das ist ja der Vorteil, den
diese Skribenten haben: Gegen bestimmte Dinge kann man
nicht anstinken. Oder wenn, dann kostet's einem ein halbes
Jahr, dann ists nicht ein Gegen-Stinken, sondern der exakte
chemische Nachweis der Substanzen, die da zusammenge-
feimt wurden. Wo immer man da hineingreift, ekelts einem.
– Am sinnfälligsten ist der besessene Ehrgeiz dieser Frau,
nunmehr ihre Karriere zu machen; sie hält ihre Stunde für
gekommen. Ist sie es?

Was soll man tun? Ich habe begonnen, etwas gegen diesen
Anwurf zu schreiben, man erstickt in der Fülle und in diesem unglaublichen Gewöll von Dummheit, Frechheit, Ar-
roganz, Infamie, Larmoyanz und pointierter Berechnung,

und all dies unter der Vorsetzung, daß eben die Stunde da ist, das heißt, daß einer gebührenden Entgegnung in gewisser Weise der Mund schon gestopft ist. Wenn Ludwig Renn als Modell genannt wird, so wäre, abgesehen von dem Umstand, daß eine Autobiographie sich von einem Roman wesenhaft unterscheidet, ja vor allem zu fragen, worin eben die Ursachen für das Zustandekommen verschiedener Modelle bestehen, und die liegen nicht nur im Persönlichen, sondern eben auch in den Umständen der Zeit. – Es ist schwierig, gegen eine Stalinistin schreiben zu wollen, ohne sie eine Stalinistin nennen zu dürfen, doch wenn das immerhin noch angehen mag, so ist es offenbar unmöglich, den Vorwurf, da schreibe jemand nicht vom Klassenstandpunkt des revolutionären Proletariats aus, durch die Frage zu paralysieren, was denn das sei? Einmal der Standpunkt, auf dem die Verfasserin mit ihrem merkwürdigen Antifaschismus der Tatenlosigkeit nun steht, und das ist ja das Übliche: Jeder Dogmatiker identifiziert sich mit dem Sozialismus und dem revolutionären Weltproletariat, aber von dieser tödlichen Anmaßung einmal abgesehen: was ist denn das wirklich, wen deckt dieser Begriff, haben wir noch die Verhältnisse wie zur Zeit Ludwig Renns Eintritt in die KPD – darauf käme es ja an. – Was ist das Revolutionäre in dieser Gesellschaft? Die fröhliche Affirmation? Ohne hier zu analysieren, kommt man dem Wesen dieses Aufsatzes nicht bei, und die Autorin weiß es, es ist ja ihre Stunde. Ein Roman, der über Musil hinausgegangen wäre, ist nicht geschrieben worden, weil – ja warum denn eigentlich nicht? Nun, sie jedenfalls wird jetzt endlich beginnen, die Stunde ist da.

Was tun?

Christa, wenn Du der Meinung bist, daß man eine Diskussion über diese »Gedanken beim Lesen« und damit notwendig über Dein Buch herausfordern sollte, wäre ich bereit, zu versuchen, eine Gegendarstellung zu schreiben. Bloß, das dauert bei meiner Schneckenhaftigkeit Monate. – Oder sollen wir uns sagen: Laß uns unsre Arbeit machen und das tun, was diese Leute letzten Endes doch am meisten trifft: sie zu ignorieren, aber indem wir da sind und uns weigern, auf die einzugehn. Oder wir müßten etwas wie »Die Fackel« haben; bislang hielt ich, in gewisser Weise, SINN UND FORM dafür. Sollte es sich dafür entscheiden, dem Aufstieg der Auers als Leiter zu dienen, müßte ich von dort weggehn. Es bleibt noch die Dreiviertelstunde im Rundfunk, sonst ist wohl nichts mehr für unser Publizistisches.

Auf jeden Fall schreibe ich dem Prof. Girnus einen detaillierteren Brief, ich hätte nur dazu gern Deine Meinung. Bitte schreib mir bloß 1 Zeile. Ich kann mir vorstellen, wie Dir jetzt zu Mute ist, denn die dutzende Spitzen infamster und demagogischer Verleumdung und Hetze und Pöbelhaftigkeit: »so erblicke ich Karrieren zur rechten Zeit ...« die natürlich dadurch geschehen, daß man als Einzige als Kandidatin des ZK seine Partei von einem verhängnisvollen Weg abzubringen versucht und danach hinausfliegt – aber es ist ja so fein formuliert, daß die Verfasserin jederzeit sagen kann: Mein ich denn die? – diese Spitzen infamster Verleumdung also gehn unter jede Abwehrhaut. Vielleicht kann es Dir helfen, wenn ich Dir sage, daß überall, wo ich hinkomme, Empörung laut wird, aber das wirst Du jetzt wohl selbst erfahren. Und wenn man uns Hochmütigkeit vorwirft, gut, seien wir hochmütig und lassen wir diese Köter bellen und gehen wir weiter. Wir haben ja etwas anderes zu tun als Karriere zu machen, und dafür ist immer die Stunde.

Gruß an Gerhard, mit herzlichem solidarischem Händedruck euch beiden

28 CHRISTA WOLF AN FRANZ FÜHMANN

Neu Meteln, 6. 9. 77

Lieber Franz,

ich danke Dir. Zu Empörung reicht's bei mir nicht, ich merke nur, was ich ungern zugebe, daß ich sehr müde geworden bin, nicht mehr recht gesund, seit ich weiß, daß Sarah weggehen würde. Äußerlich läuft alles weiter, ich schreibe auch was, innerlich heißt der Kehrreim: Wozu? und: Wir haben keine Chance. Dann krieg ich plötzlich Migräne, daß ich mich nicht rühren kann, oder Kreislaufschwäche, das hat dieselbe Wirkung, ich muß mich langlegen. Im Traum stelle ich einen wirklichen Menschen vor ein Turmfenster, der dann anstelle der eigentlich vorgesehenen Puppe von einem andern hinausgestoßen wird. Gottseidank hab ich wenigstens vergessen, wer es war, ich kannte ihn nämlich.

Ja, ich glaube, ihre Stunde ist gekommen. Ich finde nicht, daß Du viele Monate Arbeits- und Nervenkraft darauf verwenden solltest, das zu widerlegen. Du weißt doch wohl, daß ein gewisser Ziegengeist im März oder April vor Historikern der Akademie der Wissenschaften verkündet hat, daß Leute wie Sarah, Kunert, ich ganz zu unrecht in den letzten Jahren in die erste Reihe unserer Literatur gestellt wurden (ich möchte wissen, wann und wo), und daß man sie systematisch von guten zu schwachen Schriftstellern machen werde. Diese Demontage beginnt also in »Sinn und Form«, und es ist erst der Anfang. Man muß wissen, daß Ziegengeist der Chef der Literaturwissenschaftler in der Akademie der Wissenschaften ist; es ist zugleich ekelhaft und unwichtig, und ich neige auch zu Deiner Meinung: Die Köter bellen lassen, sich nicht auf das Niveau begeben, man macht sich die Hände schmutzig, wenn man diesen Dreck anfaßt. (Übrigens weiß ich, daß einige andere, auch Hermlin, an S. u. F. geschrieben haben.)

Heute vor zwei Wochen war ich bei Honecker eingeladen, aufgrund des Austrittsbriefes aus dem Vorstand, den ich auch ihm geschickt hatte, und aufgrund meiner Bitte in dem Begleitbrief, die wegen Biermann-Aktionen Inhaftierten frei zu lassen. Letzteres hat er mir zugesagt. Es ist geschehen: Frei im Westen. Das Gespräch war lang und intensiv, ich habe gesagt, was zu sagen war, ohne Abstriche, und es wurde zugehört. Sein Rat war: schreiben und das durchstehen. Wir meinten mit beidem nicht dasselbe, aber das ist unvermeidlich. Ich werde mich in nächster Zeit nicht mehr in Zusammenballungen von Schriftstellern begeben.

Vielleicht können wir uns in der ersten Oktoberhälfte mal sehen? Dann sind wir in Berlin. – Du – vielleicht hat das Ganze auch sein Gutes. Man weiß doch, woran man ist, lernt sich auch selber besser kennen, wird frei von Weichheit und Selbstmitleid …

Ich grüß Dich, Gerd schließt sich an,

Deine

29 Christa Wolf an Franz Fühmann

Neu Meteln, 8. Sept. 77

Lieber Franzl,

hier hab ich Dir ein Briefchen abgeschrieben, das ich an Herrn Henniger schick, weil er mich aufgefordert hat zu einem Gespräch: Ich hätte unüberprüfte Beschuldigungen zur Grundlage einer Entscheidung gemacht, ich hätte mich nicht überzeugt, daß man dorten die Dinge auch nicht so »einfach« sieht, wie ich zu glauben meine, er verstünde nicht, warum ich meine, mich tief beunruhigende Fragen im Vorstand nicht aussprechen zu können usw.

In der Anlage bekam ich auch den Durchschlag des längeren Schreibens, welches Dir zugegangen ist und das auch

schön zu lesen war. Nun gut. Du, mir ist mies. Mein Blut-
druck scheint dieses Lebensgefühl unkritisch übernommen
zu haben und wirft mich darnieder. Trotzdem fielen mir in
diesem Sommer die Pläne zu 2 (in Worten: zwei) Büchern
ein, die ich in den nächsten sechs bis sieben Jahren schreiben
könnte, wenn ich könnte. Die schaffen uns, wie? Weltweit,
scheint mir. Aber ich hab ein wackeres Programm der Selbstbehauptung aufgestellt. Erster Punkt: Alles, was dir zustößt,
ist von dir selbst herbeigeführt. Das stimmt nämlich.

So, genug der Störung in Deinem arbeitsamen Wald. Mir
schreiben immerzu Leute, ich solle nicht weggehn. Was denken die!

Also, mach's gut.

Christa

[Anlage:] GERHARD HENNIGER AN CHRISTA WOLF

29. August 1977

Liebe Christa Wolf!

*Deinen Brief vom 14. 08. 1977 habe ich – nachdem ich aus
dem Urlaub zurückgekehrt bin – erhalten. Ich werde ihn
dem Präsidium unseres Verbandes vorlegen.*

Gestatte mir bitte eine persönliche Bemerkung:

*Findest Du nicht auch, daß man Beschuldigungen erst dann
zur Grundlage von Entscheidungen machen sollte, wenn man
die Argumente dazu gehört hat? Ich verstehe nicht, warum
Du – bevor Du Deinen Brief geschrieben hast – Dich nicht er-
kundigt und geprüft hast, an Ort und Stelle, ob Deine Ein-
drücke und »erste Stimmen« zutreffen und ob die Dinge so
»einfach« sind, wie Du sie sehen möchtest. Ich verstehe ebensowenig, warum Du meinst, Dich tief beunruhigende Fragen
nicht im Vorstand aussprechen und diskutieren zu können.
Kurzum: Ich bitte Dich, mir einen – möglichst baldigen – Ter-*

min zu benennen, wo wir über all die Fragen nochmals sprechen können. Ich habe nie Deine Mitgliedschaft im Vorstand als ein »schweigendes Dabeisitzen« verstanden und bitte Dich, Deinen Entschluß nochmals zu bedenken.

Als Anlage übermittle ich Dir den Durchschlag meiner Antwort an Franz Fühmann auf seinen Brief vom 11. 08. 77, von dem er eine Kopie an Dich gesandt hatte.

Mit freundlichen Grüßen
Henniger
1. Sekretär

[Anlage:] GERHARD HENNIGER AN FRANZ FÜHMANN

29. 08. 1977

Lieber Kollege Fühmann!

Aus dem Urlaub zurückkehrend, finde ich Ihren Brief vom 11. August 1977 vor. Erlauben Sie mir bitte, zunächst einige – milde gesagt – Unkorrektheiten richtig zu stellen:

1. Sie sprechen von mehreren Briefen an mich, die »alle ohne Antwort geblieben sind«. Das stimmt nicht. Seit »jenem Novemberärgernis«, wie Sie es nennen, haben Sie mir zwei Briefe geschrieben. Der eine Brief – datiert vom 28. Februar 1977 – wurde von Ihnen geschrieben einen Tag nach einem längeren Gespräch, das wir hatten. Er hatte nach Ihren Worten die Funktion, Ihren Standpunkt, den Sie in unserem Gespräch eingenommen hatten, nochmals schriftlich zu fixieren. Sie schrieben: »Da ich an der kommenden Vorstandssitzung ... nicht teilnehmen kann, übersende ich Ihnen, um jedem etwaigen Mißverständnis vorzubeugen, eine Zusammenfassung des mich betreffenden Teils unserer Unterredung von 27. 2. 77.« Über die Fragen, die Sie in diesem Brief aufgeworfen haben, hatte ich Ihnen am Vortage

43

meine Meinung ausführlich dargelegt. Ihrem zweiten Brief vom 14. April 1977 war ein weiteres Gespräch vorausgegangen, das wir am 17. März 1977 miteinander führten. Auch in diesem Gespräch ging es – wie in beiden Briefen – um die Ereignisse im November 1976, um die Entschließung unseres Vorstandes und um die Konsequenzen für die weitere Arbeit. Zu all dem habe ich Ihnen in den Gesprächen meine Meinung dargelegt und Ihnen außerdem zugesagt, daß ich das Präsidium über Ihren Standpunkt informieren würde. Das ist geschehen. Über die Schlußfolgerungen, die das Präsidium aus diesen und anderen Gesprächen gezogen hat, wurde von Anna Seghers, Max Walter Schulz und mir in der Sitzung unseres Vorstandes am 28. Juni 1977 gesprochen. An dieser Sitzung haben Sie teilgenommen. (Übrigens: Ihren zweiten Brief haben Sie mir persönlich überreicht, so daß ich tatsächlich nicht auf die Idee gekommen bin, Ihnen nochmals eine Eingangsbestätigung zu schicken)

2. Sie schreiben, daß Sie wiederholt Ihre Bereitschaft bekundet haben, »um ernsthaft über unaufschiebbare, quälende Probleme unseres Literaturlebens beraten zu helfen«. In unseren Gesprächen haben Sie diese Probleme dahingehend präzisiert, daß es Ihnen vorrangig um die Möglichkeit gehe, als Schriftsteller öffentlich auch Meinungen kund zu tun, die nicht mit Entscheidungen und Maßnahmen der Regierung übereinstimmen. Ich darf Sie wörtlich zitieren: »... einen ... Schriftsteller die Möglichkeit zu geben, sich in einer ernsten Frage auch dann an seine Leser zu wenden, wenn er mit einer Doktrin oder Entscheidung seines Staats oder seiner Gesellschaft nicht übereinstimmen kann. Zum Begriff des Schriftstellers gehört der Begriff der Öffentlichkeit, und der ist ebensowenig teilbar wie der des Schriftstellers selbst.« Sie werden sich erinnern, dabei mehrmals das Bild von der Glühlampe gebraucht zu haben, die man nur einschalte, wenn sie Zustimmung signalisieren soll. Da sich ein großer

Teil unserer Gespräche um diese Fragen drehte, ist mir völlig unverständlich, wie Sie behaupten können, darauf keine Antwort erhalten zu haben. Daß wir in der einen oder anderen Frage unterschiedliche Auffassungen haben, darf uns doch nicht den Vorwurf erheben lassen, daß der eine die Meinung des anderen nicht zur Kenntnis nehme.

3. Es ist mir unbekannt und unerklärlich, auf Grund welcher Äußerungen Sie die Meinung vertreten, daß im Sekretariat des Verbandes »eine mit Phrasen drapierte Genugtuung« über die Absicht von Sarah Kirsch herrsche, die DDR zu verlassen.

Lieber Kollege Fühmann, ich habe Ihnen in unseren Gesprächen bereits mehrmals gesagt, daß uns an einer Mitarbeit von Franz Fühmann im Vorstand viel gelegen ist – und das war nicht rhetorisch gemeint. Meinungsverschiedenheiten können immer auftreten, wir sollten sie sachlich diskutieren. Auf keinen Fall halte ich es für richtig, »Gründe« zu suchen, um sich aus dem Vorstand zurückzuziehen. So können Meinungsverschiedenheiten nicht geklärt werden, so werden nur neue Klüfte aufgerissen. Ich bitte Sie deshalb, sich diese Frage noch einmal durch den Kopf gehen zu lassen. Bisher haben wir über Jahre über Vieles offen gesprochen und manches – wie z. B. auf dem VII. Schriftstellerkongreß – gebessert – sollten wir das nicht beibehalten?

Ich würde mich freuen, wenn wir recht bald darüber nochmals sprechen könnten. Vielleicht könnten wir kurzfristig telefonisch einen Termin vereinbaren.

Mit freundlichem Gruß
Henniger
1. Sekretär

[Anlage:] CHRISTA WOLF AN GERHARD HENNIGER

8. September 1977

Lieber Genosse Henniger,

ich bestätige den Empfang Deines Briefes vom 29. 8. 77. Mein Entschluß, aus dem Vorstand auszutreten, wurde nicht durch oberflächliche Mißverständnisse ausgelöst, wie Du zu glauben meinst. Der Weggang von Sarah Kirsch hat mir erschreckend deutlich gemacht, wohin es führen kann, wenn ein Mensch zum Objekt von Verleumdung und Manipulation gemacht wird. Der Schriftstellerverband hat dabei seine Rolle gespielt.

Ich habe nicht die Absicht, irgend jemandem meine Einschätzung des Zustandes, in dem der Verband sich befindet, aufzudrängen; genau so solltet Ihr einfach zur Kenntnis nehmen, daß ich – selbst andauernd und ausdauernd verdächtigt und beschimpft – gegenwärtig für mich da keine Wirkungsmöglichkeit sehe. Ein Gespräch könnte daran nichts ändern.

Mit Gruß
Christa Wolf

30 FRANZ FÜHMANN AN CHRISTA WOLF

13. 9. 77

Liebe Christa,

oh nein, die schaffen uns schon nicht, wir sind ja auch noch da. Ich fall zwar auch manchmal so auf die Nase, aber dann steh ich doch wieder auf, und stelle fest, daß ich zum 28. mal über jenen Maulwurfshaufen gestolpert bin, über den man, laut Sprichwort, nicht 2mal fällt, und nehm mir vor, daß künftig, und geh wieder ein paar Schritte. Aber ich glaube, jetzt hab ichs raus. Also über den Maulwurfshaufen Verband *nicht* mehr. Den längeren Brief habe ich nicht gelesen, so muß man anfangen. Mir ist das wurscht, was er schreibt. Das, womit er mich verleumden wird, steht eh nicht drin, also was soll ichs lesen, und das, womit er mich verleumden wird, kann ich mir nicht denken, dazu reicht meine Phantasie nicht. Vielleicht weist er nach, daß ich jungfräuliche Maikäfer geschändet hab im Wald, oder die Brände für 1978 dort lege, oder die Bienen ausrotte, daß der Malz für den Kaffee nicht mehr bestäubt wird, oder was weiß ich. Also was soll ichs lesen. Diese Periode ist in meinem Leben abgeschlossen, und endgültig. Sela. Da geh ich nicht mehr rein, außer wenn die Sarah wiederkommt, Du General dort wirst, Hermlin die NDL übernimmt, und Herr H. und Frau B. künftig das Klo schrubben. Ob die das können? Man sollte ihnen so verantwortungsvolle Aufgaben lieber doch nicht geben.

Christa, ich bin am 22. in Berlin, bleibe ein paar Tage dort, habe staunenswerterweise eine Einladung zum Kulturbundkongreß gekriegt (die wollen uns schön auseinanderdividieren, die eine kriegt Prügel, der andre eine feine Einladung, aber da wird nischt draus.) Hingehn werd ich schon aus Daffke, 1 nachmittaglang, mit übereinandergeschlagenen Armen, und lächelnd, das kann ich ganz gut. – Es wäre schon gut, wenn wir uns einmal sehn könnten, schon von wegen Deinem Gespräch mit H. – Ich ruf Dich an. Kommst Du mit Gerd zu meinem Trakl-Abend?

Und schreib Deine Bücher! Ich mach jetzt, unter andrem, 1 dicken Band Radnóti, sein Gesamtwerk, da sind Dinger dabei – ich schick euch was mit. Leider nicht seine besten, Anfangssachen, viel platter Überschwang drin, und allgemeine Bilder, aber da kann man nichts machen, das muß man halt so übersetzen (wird dann dem Nachdichter angekreidet, aber der trägts gerne).

Also bis bald, und lies Henningern nicht, das muß nicht sein. Lebt wohl, so viel Gutes als möglich. Hast Du die Rede von Herrn Gen.oberst Mielke gelesen? Finde ich toll – er gesteht uns Bürgern zu, daß wir gelegentlich auch eine andere Meinung haben dürfen, das sei normal, bloß sie aussprechen, das ist schon was andres. Aber daß man sie überhaupt haben darf – da bin ich ja platt. – Mein Gott!

Lebt wohl!

Franz

Radnoti Miklos: Auf den Paß eines Zeitgenossen

Hinhuschend mußt du hier leben jetzt, dunkle
Wildkatze, die mit stummem Glauben
springt und fürchterlich kratzt mit zehn straffen Krallen;
die halb nur schläft, wenn sie schläft, und auch dann noch
sich der Gefahr entgegenduckt, und
blitzschnell verschwindet, wenn der Kampf wehtut.

Oder wie Schlamm wirst tückisch du haften müssen,
schmiegsam lecken die Füße, wenn sie auf dich treten
und deinen Rücken herzeigen, daß du die Spuren trägst
und diese Male dir teure Erinnerung sind!
Orden auf deinem Rücken, und mittags
prahlt auf dem Markt dann dein Weib mit ihnen.

Handelst du so kannst du irgendwie leben;
warmen Speisen begrüßend zunicken,
und in der Abendstille dich selbst bespein.

Oder du revoltierst, wenn du all dies nicht kannst,
und deinen Ruhm wird dann hier nichts mehr
künden, und auch dein erstes Bad –
war dann umsonst. Denn die Zeit beschmutzt dich. Doch
leuchtender als Himmelslichter
wird dein Ruhm künftige Zeiten durchziehen.
Denk daran: Revoltierst du, so kündet

dich der Mensch kommender junger Zeiten
und gibt Rechenschaft wetternder Gläubigkeit über dein
  Leben;
Rechenschaft gibt er und gibt seinem Sohn
weiter das Andenken deiner als Vorbild, ein kräftiger
  Baum,
um den der zarte Sproß sich emporranken kann.

Franz Fühmann

[Radnóti Miklós:] Beim Schreiben

Nur eine Schlange die an ihm sich häutet, macht
den reinen Baum so ekeln wie mich nun ekeln macht
die Welt, die sich umstülpt mit ihren Wölf- und Waffen.
Mörder erzogen mich, dem Blumen zu erschaffen
einmal der Anfang war, und also lang schon bin
ich an den Kampf gewohnt, und feig werd ich nie fliehn.
Freilich, dreinhaun tut gut und rundum sich zu reiben,
doch besser wärs, in Frieden ein Gültiges zu schreiben.
Zureden muß ich mir, nicht außer Lands zu gehn:
Nur in der Werkstatt leben, weit fort, das wäre schön.
O dein, Kazinczy, überm Papier jetzt denke ich
und, alter Meister, immer besser begreif ich dich.

Franz Fühmann

31 Christa Wolf an Franz Fühmann

Neu Meteln, 15. 9. 77

Lieber Franz, dies soll sich nicht zum Dauer-Briefwechsel auswachsen. Wollte Dir nur sagen, um den 22. sind wir nicht in Berlin, bloß bis 19. (Ich fahre morgen früh, bleibe nur für eine Arzt-Visite und um am Sonntag Kurt Sterns 70. Geburtstag mitzufeiern. Ob Du ihm einen Gruß schreibst? Er hat es nötig: 111 Bln.-Niederschönhausen, Str. 201, Nr. 7.)

Und dann: Wann und wo ist Dein Trakl-Abend? Hoffentlich erst Anfang Oktober? Da sind wir wieder da. – Ja: Mielken las ich, entzückt wie Du. Danke für Radnóti, »Beim Schreiben« – Nu, Genossen, immer dasselbe. – Nö, General werd ich nicht, nirgendswo, und zwar mangels Eignung. Ich schlag mich mit Kleist und Günderrode rum, auch so zwei sperrige Typen. Obendrauf bin ich ganz munter.

Also, wenn wir nach Berlin kommen, rufen wir uns gegenseitig an, versuchshalber, ja?

Tschüss.
C.

32 Franz Fühmann an Klaus Höpcke

OFFENER BRIEF an den Leiter der Hauptverwaltung Buchhandel und Verlagswesen im Ministerium für Kultur Klaus Höpcke

[20. 11. 77]

Verehrter Herr Minister,

Sie waren so freundlich, mir einen Artikel aus Ihrer Feder mit dem guten Titel »LUST AN DER WAHRHEIT« zuzusenden und mich um meine Meinung zu fragen – darf ich die zugleich für Ihre und meine Leser mit äußern, Ihnen also in einem Offenen Brief antworten? Es ist zwar schon ein paar Wochen her, daß die »Weltbühne« Ihre Arbeit gebracht hat, in der Nummer 37, im milden September, aber Lust an – und nicht minder Qual mit – der Wahrheit bleibt ja auch in Novemberstürmen und Dezemberfrösten.

Sie rufen uns in Ihrem Aufsatz lesenswerte Sätze in die Erinnerung zurück. »Die Wahrheit lieben: anders wird keiner groß« – wer wollte da Heinrich Mann nicht zustimmen, und wer wünschte, und dies aus vollem Herzen, sich nicht bestätigt, was Sie von Bjelinski zitieren: »Unser Zeitalter ist ganz Drang, ganz Suchen und Sehnsucht nach Wahrheit«. Ich bezweifle das »ganz«; doch: welch ein Ideal! Ich gebe auch vielen Ihrer Sätze gern recht, etwa –: »Wie wir die Wertung des Lebens durch die Literatur brauchen, so brauchen wir die Wertung der Literatur durch das Leben.« Ich könnte unschwer noch mehr bringen; leider aber setzt mich Ihre Arbeit nicht in den Stand, auf das Hauptstück Ihrer Ausführungen so einzugehen, wie Sie wohl selbst wünschen, daß es geschehe: mit Sachkenntnis und Anteilnahme. Sie streiten wider einen Aufsatz in einem Feuilleton der Hamburger »Zeit«, worin ein von Ihnen nicht namentlich genannter Autor – ich muß, da Sie nicht wörtlich zitieren, nun dem Gang Ihrer Darlegung vertrauensvoll folgen – worin also ein offenbarer Ignorant zu behaupten versucht hat, die »Schöpfer der Literatur«, das wären wohl wir Schriftsteller, »hätten ein Monopol des Strebens nach und des Besitzes an der Wahrheit.« Ich muß gestehen, daß ich mir nur schwer, ja eigentlich überhaupt nicht vorstellen kann, daß ein ernstzunehmender Autor so etwas zum Druck gibt. Sie schreiben dazu, in nobler Zurückhaltung: »Beweisbar ist dieses Gegensatzschema nicht.« – Ich finde diese Charakteristik sehr milde; ich würde diese Äußerung meines ungenannten Kollegen, wäre sie wirklich so getan, schlicht für töricht und anmaßend halten. Wirklich schade, daß Sie den Namen nicht nennen und es verschmähen, diese Überhebung durch deren Wortlaut sich selbst richten zu lassen; Sie hätten mich, wer immer es auch sein mag, als redlichen Streiter an Ihrer Seite. Da ich aber auch an Ihrer Darstellung nicht zweifeln möchte, bleibt mir nichts, als an ein Mißverständnis zu glauben, doch stehe in jenem Artikel was immer, er war Ihnen Anlaß zu einer Polemik, und die, und ganz speziell deren Titel, haben mich herausgefordert, gar nicht zu einer Gegenpolemik, sondern zu einigen Fragen, zunächst an mich selbst.

Johannes 18/38: »Was ist Wahrheit?«

Sicher sage ich Ihnen nichts Neues sondern variiere nur Ihre eigene Feststellung, wenn ich zwei Arten von Wahrheit unterscheide: Die Wahrheit als Resultat, und die Wahrheit als Prozeß. Zwischen diesen beiden Qualitäten steht keine unübersteigbare Mauer, auch diese Begriffe sind im Fluß, aber sie sind eben auch feste Begriffe, und man sollte sich hüten, sie willkürlich gegeneinander auszutauschen. Das Haben der vor uns schon gefundenen und mannigfach als gültig bestätigten Wahrheit ist etwas Anderes als das Teilhaben am Prozeß ihrer Findung, die das fortschreitende Leben ständig verlangt, und wenn die Wahrheit als Resultat allen gehört, die guten Willens sind, sie zu besitzen, gehören zum Finden der Wahrheit alle, die guten Willens sind, sie zu suchen. Da wie dort gibt es kein Monopol. Weder ein Einzelner, noch ein Berufsstand noch irgend eine soziale Organisation oder politische Gruppierung ist im alleinigen Besitz der Wahrheit und dürfte es auch nicht im Privileg von Mitteln sein, sie finden zu können, dürfte es nicht sein um der Wahrheit willen, die nur von allen gefunden werden kann. – Die Wahrheit des Lebens ist die Wahrheit derer, die leben. – Ebenso ist weder ein Einzelner, noch ein Berufsstand noch irgend eine soziale Organisation oder politische Gruppierung in der alleinigen Schuld des Irrtums oder im Permiß, ihn begehen zu dürfen. – Ich möchte das Wort »Wahrheit« betonen; die Lüge, also das

*bewußte Sagen des als unwahr Gekannten, wünsche ich, und
dies gewiß mit Ihnen, unterdrückt und geächtet zu sehen:
Wenn es, wie im Fall von Faschismus, Rassenhetze und Kriegs-
gebrüll not täte, durch die Macht des Staates, vor allem aber
durch die Macht der öffentlichen Meinung, eben jener, die
wir kaum in den Ansätzen haben, ich drücke mich da vor-
sichtig aus. – Denn Öffentlichkeit als geistige Macht erfordert
dreierlei: Information, sich aus den Quellen, nicht nur aus
Kommentaren eine Meinung zu bilden; Gelegenheit, diese
Meinung auch mitzuteilen, und zwar im vollen Sinn, den
»mitteilen« hat, und schließlich eine begründete Aussicht auf
eine, natürlich proportionale, Wirkungsmöglichkeit dieser
Meinung. Darf ich, verehrter Herr Minister, freimütig gestehen, daß mich, was diese Dreiheit betrifft, angesichts der Realität unsres Lebens, des realen Sozialismus, ein Gefühl ankommt, das doch mehr Unlust als Lust ist?*

*Information – ich will jetzt nicht das wiederholen, was sich
in beinah schon gespenstischer Weise an Mißmut über ihren
Zustand von Jahr zu Jahr und Jahrfünft zu Jahrfünft und
Jahrzehnt zu Jahrzehnt durch all unsere internen Diskussio-
nen schleppt, ohne daß es möglich wäre, das Gespräch darüber öffentlich zu führen, und ohne daß sich, außer leisesten
Korrekturen in Einzelzügen, eine merkliche Änderung
zeigte. Ich könnte Belege aus eigenem Betroffensein bringen; ich beschränke mich auf ein andres, und nur ein einziges
Beispiel. Sarah Kirsch ist von uns fortgegangen, weil sich ihr
hier keine Zeile mehr fügen wollte, und keine Zeitung, kein
Rundfunkkommentar, keine Aktuelle Kamera hat (oder irre
ich mich doch?) es für nötig gefunden, diese Tatsache unsrem
Publikum mitzuteilen; die Nachrichtengebung vertraute
darauf, daß, wer so etwas wissen wolle, es sowieso schon erfahre, aus einem andren Informationssystem. – Hier liegt die
Wurzel all unsres Unbehagens auf diesem Sektor; es gibt eine
große Lust auf Wahrheit, nur wird sie ungenügend gestillt. –*

Nun muß man durchaus nicht meiner Meinung folgen und Sarah Kirsch für die bedeutendste lebende Dichterin deutscher Sprache halten; einige der Kollegen, die Sie in Ihrem Artikel anführen, werden das gewißlich nicht tun, und zwei oder drei von denen werden überhaupt bestreiten, daß sie eine Dichterin ist – nun gut, ich billige ja auch nicht allen Kollegen, die Sie von der verehrungswürdigen Anna Seghers bis zum Verfasser jenes »Vater Batti« nennen, ein, wie Sie formuliert haben »künstlerisches Werk« zu; allein die große Mehrheit unsres Publikums wird wohl mit mir der Meinung sein, daß die Tatsache des Weggangs von Sarah Kirsch einer Meldung wert gewesen wäre, ganz zu schweigen von einer Bekundung ehrlicher Trauer über diesen unersetzbaren Verlust und ehrlichem Nachdenken über seine Gründe. Lust allein wird sich beim Suchen und Finden dieser Wahrheit nicht einstellen, und dennoch sollten wir sie nicht scheuen. Ich weiß, wie quälend dies Weggehen gewesen ist, für so viele von uns, und für meine Kollegin Sarah am meisten. Und es geht ja nicht nur um die Information. Was mich empört hat war die demonstrative Bereitschaftslosigkeit mancher Institutionen (nicht der von Ihnen geleiteten, um das ausdrücklich zu sagen), vor allem der dazu doch am meisten berufenen, des Schriftstellerverbandes, die uns Verlassende nach ihren Gründen zu dieser Entscheidung auch nur zu fragen. Ich habe gebeten, daß man es tue, man hat diese Zumutung weit von sich gewiesen. Lust an der Wahrheit war da gewiß nicht im Spiel, wohl aber Lust, ihr auszuweichen, da man fühlte, sie werde quälend sein.

Ist es, verehrter Herr Minister, nicht ein wenig merkwürdig? Auf der einen Seite Ihr Bild einer Gesellschaft, die, von der Lust an der Wahrheit beflügelt, mit »Zielbewußtheit und Zielstrebigkeit« »eine neue Welt errichtet«, geführt von einer Kraft, die »überzeugt, daß die Künste im geistigen Leben unserer Gesellschaft unentbehrlich und unersetzbar sind«

davon ausgeht, »daß wir auf die Entdeckungen der Künste sowenig verzichten können wie auf die Entdeckungen der Wissenschaften«, und getragen von einem Volk, das »hohe Achtung vor den Lebenserkundern« hegt, »getrieben von nie ermüdender Lust an der Wahrheit« – Sie haben gewiß die Zitate als Ihre Worte wiedererkannt. Auf der einen Seite also das Bild einer Gesellschaft, deren Angebot an alle, ihr Entdecker- und Erbauerglück zu teilen, nur einen Bösartigen, einen Reaktionär oder einen Dummkopf nicht zu begeisterter Zustimmung hinreißen könnte; andrerseits ein wachsendes Unbehagen nicht nur so mancher Schriftsteller und Künstler an der Wirklichkeit eben dieser Gesellschaft, ein Unbehagen, das auch ich teile, und das allmählich in Resignation umzuschlagen droht, ja bei einigen bereits dahin umgeschlagen ist, da es aus der bitteren Erfahrung herrührt, ständig und ständig nur als Objekt, und nicht auch als Subjekt von Politik und Kulturpolitik, nicht als Mitberater und Mitbestimmer sondern ausschließlich als Durchführer und Umsetzer von Programmen betrachtet und behandelt zu werden. – Wie geht beides zusammen, Ihr Bild und das meine? – Es gibt da nur zwei Möglichkeiten: Entweder – und diese Ansicht wird ja von manchem meiner wie Ihrer Kollegen vertreten – entweder sind Leute wie unsereins hoffnungslos stumpf und dumpf und unbelehrbar in einem Elfenbeinturm aus Rückständigkeit, Ignoranz und Hybris gefangen (auch das böse Wort »Konterrevolutionär« ist im Umlauf), oder das Bild einer enthusiasmierten und enthusiasmierenden Gesellschaft stimmt doch nicht ganz mit deren Wirklichkeit überein. Ein arges Dilemma, aber ich kann es nicht abwenden: Ihr Artikel, Herr Minister, stellt mich vor die Wahl, mir entweder eins jener drei Attribute: bösartig, reaktionär, dumm als das für mich passende auszusuchen oder Ihnen zu bedenken zu geben, ob Sie in einem mir nur zu gut begreiflichen Wunschdenken vom Zustand der Ge-

sellschaft, in deren Leitung Sie ja ein wichtiges Amt führen, ob Sie sich also von der Realität nicht doch mit einem Elan abgewandt haben, den man als ein bißchen sehr hoffnungsfroh, den man aber auch – halten zu Gnaden – als ein bißchen demagogisch bezeichnen könnte.

Ein Offener Brief soll offen sein.

Herr Minister, wir beide sind »Männer der Feder« und wissen, welche Lust, eben Lust an der Wahrheit, in diesem Handwerk gewährt werden kann, doch Sie wissen gewiß auch so gut wie ich, welche Qual es oft heißt, die Wahrheit zu suchen; der Weg zu ihr ist nicht immer so beschaffen, daß man auf ihm vorwärtsstürmt. Wenn ich die nunmehr zwanzig Jahre wäge, die ich hauptberuflich als Schriftsteller verbracht habe, so senkt sich die Schale mit den Qualen sichtbar tiefer als die mit der Lust. Das ist am wenigsten Schuld der Gesellschaft, von Schuld ist zunächst überhaupt nicht die Rede, die Sache selbst bringt es so mit sich. Es ist oft grausam quälend gewesen, das eigene Leben zu überdenken und der Wahrheit seiner Existenz ins Auge zu sehen. Ich kenne nur zu gut die Versuchung, bei der halben Wahrheit stehen zu bleiben, sich einen schmalen Ausschlupf offen zu halten, vor der Scham eines Geständnisses zu kapitulieren, eine – um mit Ihnen nochmal Bjelinski zu zitieren – eine »ergötzliche kleine Lüge« zu hätscheln und, um der Pein von Konsequenzen zu entgehen, sich einen »angenehmen Irrtum« zu erlauben, kurzum, den Qualen und Ärgernissen der ganzen Wahrheit auszuweichen, und mich befällt manchmal ein Gefühl von Neid, wenn ich Kollegen versichern höre, das Schreiben sei rundum ein prächtiger Spaß. – Nein, ich will sie doch nicht beneiden. – Ich will auch nicht klagen noch mich beklagen, was ich will, ist lediglich, auch auf die bittere Seite der Wahrheit aufmerksam zu machen, denn Lust erklärt vieles, aber nicht alles. Es ist verständlich, Quälendes zu meiden, verständlich vom Einzelnen wie von einer Gesell-

schaft, die durch die Dauer ihres Bestehens mit einem Welt-
gegner kämpfen muß, der Schonung nicht übt und Nachsicht
nicht kennt. Zum Schmerz von außen nicht noch welchen
von innen, denn Schmerzen lähmen unsre Kräfte – das ist
doch das gängige Argument, mit dem man jeden Willen zum
beßren Neuen in den zu einer Rückkehr zum schlechtren Alten und jedes Signalisieren von Übeln ins Erzeugen von
Übeln umspielen kann. Aber der Schmerz von innen hat
seine Funktion, er bricht als Tatsache des Lebens selbst wie
die Lust aus den Widersprüchen der Entwicklung, und er
bringt Informationen, die Lust nie brächte, Warnung und
Mahnung, daß da etwas krank sei, ein Nerv eingeklemmt,
ein Muskel entzündet, Zellen einseitig ernährt, der Blut-
kreislauf unterbrochen, ein Gelenk von Versteifung bedroht.
Das Wesen des Schmerzes ist Erregung von Unlust, verständlich, daß man ihn hemmen will, doch wer sich ihm ganz
zu entziehen versucht, beraubt sich eines lebenserhaltenden
Sinnes und – um speziell von der Kunstwahrheit zu sprechen
– der lebenserneuernden Macht der Katharsis. Lust und
Schmerz sind unabdingbar, die ganze Wahrheit unsres Werdens zu fassen, an die wir uns ja nur annähern können, eben
darum braucht Wahrheit Jeden, so wie ein Jeder Wahrheit
braucht. Das alles ist theoretisch nichts Neues und wird in
dieser Form kaum bestritten, verzeihen Sie, daß ich Sie ge-
langweilt habe, allein unsre Praxis ist so beschaffen, daß eine
schmerzliche Botschaft nur allzu oft entweder als Verleumdung zurückgewiesen oder als unseriöses Verlangen abgetan
wird, etwas ändern zu sollen, das nicht änderbar sei, weil es
real ist, und real sein heiße, daß etwas eben so sei wie es ist. –
Aber jede dieser Behauptungen ist doch auch nur eine Meinung – was erhebt sie zum Rang gesicherter Wahrheit, mit
dem sie sich so selbstverständlich verkündet; wer darf im
Prozeß der Wahrheitsfindung, den wir alle vollziehen und
von dem Jeder nur Teil ist, seine Meinung als richtig und die

ihr widersprechende als falsch nicht nur postulieren sondern auch administrieren? – Ich rede dabei noch gar nicht von der Spezifik der Literatur, zu derem Wesen ja eben gehört, daß ihre Werke von dafür unersetzbaren Einzelnen geschaffen werden. – Daß man seine Meinung für richtig hält, ist nur natürlich, eben deswegen verficht man sie ja, aber seine Meinung von vornherein zur gesicherten Wahrheit erheben zu können und die ihr widersprechenden der Öffentlichkeit vorzuenthalten: Wäre nicht das eben jenes Monopol, das Sie, und mit Recht, den Schriftstellern absprechen? – Wem, Herr Minister, sprechen Sie's zu? – Noch einmal, ich rede nicht von der Lüge, ich greife da den Vorschlag Brechts auf, Faschismus, Rassismus, Kriegstreiberei sollen auf wehrhafte Intoleranz stoßen, der kann man brauchbare Definitionen erarbeiten, allein welche Formel trennt Irrtum von Wahrheit, wenn es um das fortschreitende Leben geht? Wenn sich die Widersprüche entfalten, wenn alles in Fluß und Wahrheit im Prozeß ist, stehn Irrtum und Wahrheit nicht im simplen Verhältnis von hie nur Schwarz, da nur Weiß zueinander, sie verknäulen sich, ja bedingen sich wechselseitig. – Die »trial and error method« der Kybernetik ist unerläßlich, wenn man auf Entdeckungen aus ist, die zielen ja eben auf das noch nicht Gekannte oder das noch nicht Ausgesprochene. – Das Leben selbst wird einmal entscheiden, in welchem Maß Irrtum und Wahrheit sich in der Meinung eines Jeden von uns gemischt hat, und wenn wir seine Entscheidungen über die jüngste Vergangenheit überdenken: waren es immer nur Schriftsteller, die irrten, und waren ihre Irrtümer folgenschwerer als andre? Wir wundern uns gern, wie es möglich war, daß bestimmte Bücher, die heute zum Fundus unserer Literatur zählen, gestern auf Veröffentlichungsschwierigkeiten stießen, deren Begründungen, falls sie erfolgten, sich natürlich auch immer als gesicherte Wahrheiten gaben – wann werden wir verwundert fragen, warum die Erzählungen von Hans

*Joachim Schädlich, der Roman von Stefan Heym über den
Juni 1953, Geschichten und Gedichte von Thomas Brasch,
Stücke von Volker Braun und manches andre bei uns nicht
erscheinen konnten, und nun soll sich, wie Sie mir bestätigt
haben, diese Liste noch um das jüngste Buch von Jurek
Becker vermehren? Sie waren so entgegenkommend, mir die
Gründe dafür anzudeuten, Sie taten es im privaten Gespräch, und ich will Vertrauen nicht brechen, aber gehören
diese Fragen nicht vor das Forum jener öffentlichen Meinung, die wir zwar kaum im Ansatz haben, allein wie anders
sollte sie sich bilden? – Oder soll sie es etwa nicht? – In der
Presse der BRD, in der »Zeit«, in der »Frankfurter Rund-
schau«, im »Spiegel«, im »Stern«, aber auch über Rundfunk-
und Fernsehstationen jenseits unsrer Grenzen findet eine
Diskussion statt: Kunert, Seyppel, Heiner Müller, Harich,
Heym, Schneider, Becker, Hermann Kant – sicherlich nenne
ich jetzt nicht alle, ich kenne nicht sämtliche Äußerungen,
und von denen, die mir zugänglich wurden, sind welche von
nicht sehr hohem Niveau, doch was da verhandelt wird, sind
schon unsre Probleme, und wenn auch die quälenden dabei
in der Überzahl sind: Warum gibt es dafür bei uns keine Tri-
büne, oder, gäbe es sie, was ich bezweifle, woher dann die
Unlust, sie zu betreten? Fürs nächste Frühjahr steht uns ein
Schriftstellerkongreß ins Haus. Ich sehe ihm nicht mit Er-
wartung entgegen. Beim letzten habe ich es noch getan. Und
wenn ich so ehrlich sein soll, wie es die Sache verlangt, die Sache unserer Gesellschaft, in der wir beide wirken, dann muß
ich sagen: Ich habe Angst.*

*Ich habe Angst nicht vor Kritik, nicht vor Argumenten,
auch nicht vor harten Schlägen, ich teile ja selbst welche aus,
ich habe auch nicht Angst vor Unsachlichkeiten, nicht einmal vor Rüpeleien, wenn man die nur öffentlich zurückweisen kann. Ich habe Angst nicht vor der Wahrheit, wie quälend sie auch immer sein mag, wohl aber vor der Möglichkeit*

einer Entwicklung, die im Namen von Wahrheit Wahrheit zurückdrängt und letztlich allseits ungewollte irreversible Entscheidungen erzwingt. Man wird dann vielleicht als Sieg etwas feiern, was unser aller Niederlage ist. Ich kenne Leute, die sich über den Weggang Sarah Kirschs freuten und freuen; ich weiß, Sie gehören nicht dazu, sonst schriebe ich ja nicht diesen Brief. – Wer wird zuletzt lachen? – Herr Minister, die schönste Lust an der Wahrheit ist die der Korrektur eines quälenden Irrtums – darf ich mit der Hoffnung schließen, daß sich die Sorgen dieses Schreibens bald als irrig herausstellen werden?

Ich bleibe mit vorzüglicher Hochachtung

Ihr Ihnen sehr ergebener
(Franz Fühmann)

33   FRANZ FÜHMANN AN CHRISTA UND GERHARD WOLF

20. 12. 77

Ihr guten Prometheusse,

ihr Vorausschauenden, ihr habt natürlich Recht gehabt. Als Weihnachtsgabe bekam ich meine Unterredung mit dem Hohen Herrn Professor, er war freundlich und gnädig, hatte Zeit, fast drei Stunden, ließ mich reden, hörte mir zu und redete selbst wie auf einem Parteitag, doch als ich ihn verließ, bedauerte ich, daß es mir offensichtlich in gar keiner Weise gelungen sei, ihm unsere Sorgen und Probleme und Ängste verständlich zu machen. Er war höflich und wehrte ab: nein, nicht doch, es sei sehr interessant gewesen, er begreife nur 2 Dinge nicht: Erstens was nütze das dem Sozialismus, wenn da jeder schreiben könne, daß er ein Unbehagen spüre, und warum seien die Schriftsteller so kleine Seelen, daß sie ihre

kleinen Problemchen über das Großeganze stellten, statt ...
Es waren die beiden Argumente, die in den 3 Stunden immer
wiederkehrten. – Es ist doch hoffnungslos. – Er begann damit, kokettierend: Er wisse nicht wo er anfangen solle oder
ob er das überhaupt dürfe, denn ein Kollege von mir habe
festgestellt, daß es zwischen Politiker und Schriftsteller hier
keine Verständigungsmöglichkeiten gebe. Als ich ging, sagte
ich ihm, es erwecke wirklich diesen Anschein. Nun, er war
optimistisch und schlug vor, das Gespräch fortzusetzen,
vielleicht in einem erweiterten Kreis. Bei mir wird es vom
Schicksal meines Artikels, des Offenen Briefs, abhängen, ob
ich weiter mitmache. – Er erklärte, ihn zu kennen, aber nicht
näher Bescheid zu wissen, jedenfalls werde ich über dessen
Schicksal vom Herrn Minister Höpke erfahren. Das wird
am 23. 12. geschehen, auf daß wir dann richtig fröhlich Hei-
lig Abend feiern, und damit Neujahr so richtig schön wird,
habe ich am Sylvestertag ein Gespräch mit dem Chefredakteur des SONNTAG, dem Herrn Jacobus.

Aber es war interessant, atmosphärisch, dies Sekretariat,
dieser Flur, die Posten, die beiden Zivilherrn seiner nächsten
Umgebung und deren Umgangsformen – es ist schon gut,
das genau zu kennen.

Frohes Fest, gelle, und frohes neues Jahr und unermeßli-
ches Glück

wünscht euch allen

Franz

34 FRANZ FÜHMANN AN CHRISTA WOLF

6. III. 78

Christa,

einen herzlichen Gruß zum Frauentag, und gehst Du zu Schriftstellers zu Kongreß? – Ich schreib denen ganz offiziell, daß ich – nach meinen Erfahrungen mit den Möglichkeiten der Meinungsäußerung – es ablehne, an diesem Spektakel teilzunehmen.

Machs gut,

Gruß
Franz

35 CHRISTA WOLF AN FRANZ FÜHMANN

Neu Meteln
18. 3. 78

Lieber Franz, ja, heute kam Dein Frauentagsgruß, nachgeschickt, wir sind nämlich bis Anfang April im schneedurchtobten Mecklenburg. Es wäre gut, wenn wir uns zwischen dem 2. und 19. April mal sehen könnten, dann fahrn wir nach England.

Nein, beim Kongreß bin ich nicht, sondern in Schweden. Hatte darüber eine längere Aussprache mit Kant; meine Termine liegen lange fest, im Gegensatz zu denen des Kongresses; außerdem: Was soll's? Reden geht nicht, schweigen will ich nicht, trottlig dabeisitzen? Ich hab gesagt, ich will keine Demonstration, aber ich habe im Augenblick nur die Wahl, zu schreiben oder auf Versammlungen zu sitzen. Und das stimmt.

Meldest Du Dich mal Anfang April?

Grüß Dich!
C.

36 CHRISTA WOLF AN FRANZ FÜHMANN

[Juni 78]

Lieber Franz, hier ist diese Rede, ich brauche sie leider zurück. Am Sonntag hab ich vormittags meine Lektorin hier – kannst Du nachmittags, oder gegen abend? Und: Hast Du noch 1 Stück Deines Erzählungsbandes? Er ist uns entwischt.

Ich frag Dich noch was. Die Luchterhand-Leute machen für nächstes Jahr, weil ich endlich 50 werde, so ein Materialienbuch über mich (!), und sie hätten sehr gerne ein paar Beiträge von hiesigen Menschen. Auch mir wäre das sehr lieb, und da frag ich einfach bei Dir an, ob Du Lust – vor allem Zeit – hast, etwas zu schreiben: Zu einer Sache, oder zu einem Aspekt, oder was immer Du willst. Es kann kurz sein. Aber, und das sag ich ganz aufrichtig: Fühle Dich nicht verpflichtet, ich werde kein bißchen beleidigt sein, wenn Du nicht kannst. Termin wäre etwa Oktober.

Grüß Dich, auf Sonntag!
C.

37 FRANZ FÜHMANN AN CHRISTA WOLF

20. 6. 78

Liebe Christa,

hab Dank für Deine Karte, sie ist genau im richtigen Augenblick gekommen. Der liebe Gott der Schriftsteller machts schon, daß wir einander finden, wenn wir einander brauchen. Es ist wohl das Wichtigste, daß man dann da ist. Deine Karte aus dem rauhen Nordwesten kam wie ein Kiel durch eine schwappende Welle von Verleumdungen, denen dann auch Taten folgten; hier im Kreis, wo ich lebe, versuchte man uns beide zu verbieten (ich hab beim Kulturminister interveniert, und man hat mir Klarstellung versprochen), ich kann Dir das ja mal erzählen, aber eigentlich hält es ja doch nur auf. Wir müssen weiter, nicht? Das ist ja alles erst ein Anfang.

War's gut bei König Gustav – heißt er noch so? Meine Lesereise hat mich eindringlich belehrt, daß wir füreinander keine Alternative sind, das ist so trostlos, man sieht am Andern seine bißchen Vorzüge und ahnt die Fülle seiner (seiner eigenen) Mängel, und es ist da und dort so ganz ohne Hoffnung.

Na ja.

Wir sollten uns bald mal sehn. Mit dem Fahrrad nach Neu Metelln zu kommen wird etwas abenteuerlich sein, gings in Berlin? Ich bin sicher dort am 30. 6. und 1. 7., ebenso am 18. & 19. 7., aber ich käme auch anderswann hin, wenn ihr dort seid. Oder kommt ihr mal hierher? Ich müßte es bloß ein bißchen vorher wissen. Fahrzeit von Berlin-Fr.straße 55 – 70 Minuten, je nach Verkehr, Autobahn Dresden/Cottbus, Abzweigung Halbe. Ich hab Pirole & Amseln & Erdbeeren.

Hoffentlich bis bald. Grüß Gerhard. Schreib. Ich schreib was ganz Ulkiges.

Ahoi

Franz

38   CHRISTA WOLF AN FRANZ FÜHMANN

Neu Metelln

d. 25. 6. 78

Lieber Franz,

Du, durch dieses Ding, was jetzt läuft, müssen wir durch, möglichst mit nicht zuviel Bitterkeit. Naklar reden sie sich jetzt die Münder fusslig, bei mir heißt es hier im Kreis, »gekauft vom Klassenfeind«. Die Phantasie ist nicht sehr entwickelt, oder nur in eine Richtung, in Richtung Geld und materieller Vorteil, doch ein bißchen erstaunlich nach dreißig Jahren Bemühung in Richtung Sozialismus. Jedoch was sind dreißig Jahre? Das ist jetzt eine merkwürdige Zwischenzeit wieder mal, gefährlich, besonders für uns, weil wir den Haß und das Unverständnis verschiedener Seiten auf uns vereinigen. Aber dies ist unsre Rolle, da kannst Du Dich drehn und wenden wie Du willst. Vor vier Jahren gebrauchte ich zum erstenmal bewußt die Wendung »ohne Alternative leben« (da waren wir in USA), aber ich wußte noch nicht, was ich sagte. Und in fünf Jahren werden wir's noch ein bißchen besser wissen. Mich beschäftigt sehr die Frage, wie da durchgehn, ohne zu viele Fehler zu machen, denn die liegen jetzt sehr vornean.

Darüber würd ich sehr gerne mit Dir auch reden. Wir sind am 4., 5. und 6. Juli in Berlin, danach seh ich noch nicht, wann wieder. Der 5. Juli wäre ein günstiger Tag, denn am 6. zieht Annette mit Gottes und unsrer Hilfe um. Ob Du reinkommen könntest? Ich will sonst so wenig wie möglich hier weg, weil ich noch meine liebe Günderrode in einem Nachwort verewigen muß, dazu eine Auswahl ihrer Werke.

Von Sarah kam gestern ein Brief aus der Villa Massimo, da steht der Satz drin: Liebe Wölfe, ich bin jeden Tag stundenlang glücklich, alles, alles ist richtig. (Kein Kommentar, den mach Dir selber).

Franz, sei gegrüßt. Du sollst Dich nicht verhärten, oder verbittern, oder vertrauern.

Deine Christa

39 FRANZ FÜHMANN AN CHRISTA WOLF

23. 7. 78

Liebe Christa,

wie schade, daß es zweimal nicht geklappt hat – die Ingrid Krüger sagte mir, daß Du da gewesen bist, aber ich hab Dich nicht mehr gekriegt. Also denn später mal. Wir werden ja beide arbeiten – wiewohl mirs schwer fällt, nicht so sehr wegen dem Ding, sondern weil hier seit 5 Wochen ununterbrochen durch die Lüfte die wilde Jagd heult – Malmen und Knallen und Jaulen und Dröhnen, in den englischen Gefängnissen, so schreiben wir entrüstet, ist das eine Foltermethode, hier heult das schon die 5. Woche ohne Skrupel Tagundnacht über die gequälten Menschen hin, man bekommt Kopfschmerzen, Ohrenschmerzen, die Häuser zerreißen – tut nichts. – Schluß.

Der Hermann Kant hat mir einen blöden Brief geschrieben, so wie seine Rede, Beteuerungen, die nix kosten, er will sich um meine Angelegenheit bei der DEFA kümmern – dabei hab ich keine, hab dort seit 20 Jahren das 1. Mal geordnete und klare (gute) Verhältnisse. Von dieser Delegierungsfarce kein Wort, dafür DEFA. Na schön. Ich hab ihm geschrieben, daß wir es halten wollen wie bisher: Wenn wir uns gelegentlich mal treffen sagen wir Grüßgott, und gehn wieder unsrer Wege.

Aber er wirds weit bringen, d. h. er ist ja am Ziel seiner Wünsche, aber er wird was draus machen.

Ich lese jetzt wie ein Irrer Kierkegard, das ist nun wirklich eine Wurzel. Gott hat der Kerl was gewußt! Ich bin kein Freund von ausgewählten »Sentenzen fürs Leben«, so gehobenes Poesiealbum, es kommt ja immer auf die Ableitung an bei diesen schönen Worten, aber es gibt schon welche, die sind solche Konzentrate, daß sie der Ableitung entbehren können. Zum Beispiel: »Es ist jedes Menschen Pflicht, offenbar zu werden. Wenn er das nicht wird, wird sich ihm die Offenbarung als Strafe zeigen. … Wer nicht mit dem wirklichen Leben kämpfen will, muß mit Phantomen streiten.«

Oder: »Jeder Mensch kann etwas ausrichten, er kann seine Arbeit tun.«

Und schließlich: »Eines Menschen Unglück liegt niemals darin, daß er die äußern Bedingungen nicht in seiner Macht hat, da dies ihn erst ganz unglücklich machen würde.« – Mir geht immer mehr auf, was das heißt, und wie recht der hat. Freilich erfordert das dann auch alle Konsequenz des Offenbar-Werdens. Und da komm ich zu Deinen guten Wünschen: nicht verbittern, nicht verhärten, nicht vertrauern. – Ich weiß schon, Du meinst damit: nicht unproduktiv werden in *ohnmächtiger* Bitterkeit und so. Aber ich glaube, jede Zeit bringt notwendig *die* Schriftsteller & Künstler hervor, die sie hervorbringen muß, oder umgekehrt: Wenn sich einer von denen dagegen sträubt, wird nischt aus seiner Begabung. Wahrscheinlich will diese Menschheitsepoche die bittre Literatur, auch wenn wir sie nicht wollen. Langsam will ich. Langsam will ich auch Böses schreiben. Bloß dann konsequent. – Es ist eine Schraube ohne Ende.

Von Sarah kam auch 1 Karte, letzter Satz: Soeben fällt mir 1 Apfelsine vom Baum aufn Fuß. Aber ich möchte doch nicht dort sein wo sie ist, ich meine Italia. Das vom »Ortswechsel« hab ich jetzt verstanden. Darüber reden wir mal (ich will nicht weg, nein, jetzt am wenigsten).

Grüß euch
Franz

Das sollte die Rückseite von der Vorderseite sein, ich bin schon ganz blöd & tumb von dem Geheule. In der Bibel ist die Hölle der Ort, wo »Heulen + Zähneknirschen« ist. Hier ist beides; bloß die Satane sind so mickrig, keine Luzifere, das war mal.

40 FRANZ FÜHMANN AN CHRISTA WOLF

[nach 23. 7. 78]

Liebe Christa,

nein, es soll sich kein Briefwechsel entwickeln, bloß wann sehen wir uns wieder, und deshalb schnell noch ein paar Zeilen. Der Wolfgang Schreyer hat mir den Durchschlag eines Briefs geschickt, den der Werner Hey. in Sache E. L. an ich glaube Hager oder Höpke oder so gerichtet hat – und das war ja nun zum Heulen – Der Gedankengang geht so: Bislang hat es 3 Zensurinstanzen hierzulande gegeben: Selbstzensur Schriftsteller, Verlag, HV, dann hat der Autor die Selbstz. gelockert, dafür habt ihr, Genossen, eine 4. Instanz errichtet, die des MdI oder MSF oder so, also Nachzensur, und ich sage euch und warne, Genossen: Wenn ihr mit dieser Praxis nicht aufhört, wird etwas Schreckliches geschehen: Dann werden wir die Selbstzensur wieder einrichten, und es wird nur mehr brave Literatur geben –

ja du mei!!

ja aber die müssen doch hüpfen vor Freude, und Hosiannah rufen und die Cymbeln oder sonst was schlagen, wie das klappt, was die machen! Die sind wirklich von allen guten Geistern verlassen! Hätt ichs nicht gelesen, ich hätts nicht für möglich gehalten.

Na ja.

Mit dem Wegziehn vor Düsen – wohin denn? Ich will nicht & kann nicht, um mit letzterem anzufangen, ich hab die Hälfte meiner Bibliothek hier draußen, die kann ich nicht transportieren, hab doch kein Auto, und wohin soll ich, das kann morgen ja genau so in 2711 sein, und bei meinem Glück ists dann auch so. Außerdem: die Bevölkerung kann ja auch nicht umziehn, all die, die hier schuften und malochen und nachts nicht schlafen können vor dem Heulen, und die Kranken, und die Hochschwangeren, die sich erschrecken, nein, ich bleib schon hier und schreib eine Geschichte, die so heißen könnte: Unser alltäglicher Terror. – Die Bevölkerung dieses Landes geht mich schon an; der Apparat und so schon lang nichts mehr, nur als Studienobjekt. Ich mach das mit den Düsen jetzt auch so –

seht ihr, den
erschreckt's auch!

Nu denn wolln wir
mal wieder, und bis bald
also

CARL SPITZWEG (1808–1885)
Der Sterngucker
Öl auf Leinwand 48×27,5 cm
München, Privatbesitz
516 363 9

versuche das zu beschreiben, genau, da wirds erträglich & produktiv.

Ich schick Dir mal eine neue Geschichte.

Machts gut. Tschüß
Franz

41 FRANZ FÜHMANN AN CHRISTA WOLF

14. 8. 78

Christa,

nur als sachlichen Nachtrag, daß ich kein Unrecht tue: Was ich da von dem Brief schrieb, war nicht von Hey. in eigener Sache an Hager, sondern von Schreyer in fremder an den Verleger H.s,

es modifiziert die Sache also doch wesentlich.

Das wars schon,
sonst Scheiße,
was sonst, .
in diesem Sinn
Franz

42 FRANZ FÜHMANN AN CHRISTA UND GERHARD WOLF

[Ende Dezember 78]

seht ihr, den erschreckt's auch!

Na denn wolln wir mal wieder, und bis bald also
Franz

43 CHRISTA UND GERHARD WOLF AN FRANZ FÜHMANN

28. 12. 78

Lieber Franz,

… in diesem Sinne –

Deine Wölfe

(wie anstrengend es ist, böse zu sein!)

70

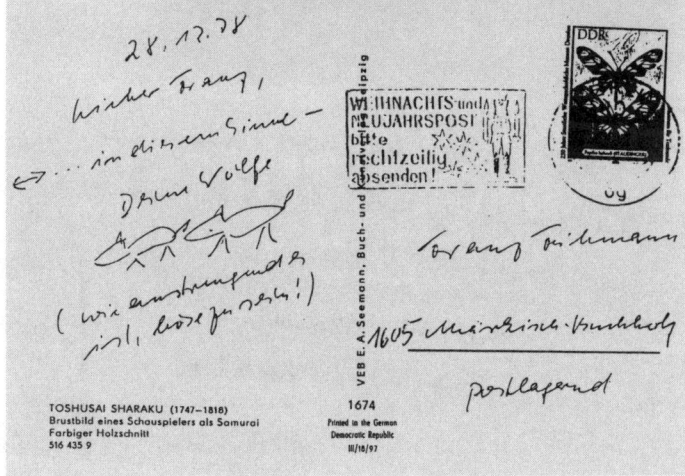

TOSHUSAI SHARAKU (1747–1818)
Brustbild eines Schauspielers als Samurai
Farbiger Holzschnitt
516 435 9

71

Bleibe fromm und halte dich recht,
denn solchen wird's zuletzt wohl gehen.

Psalm 37,37

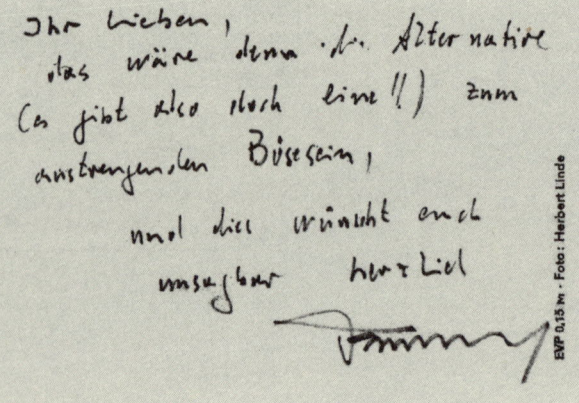

Ihr Lieben,
das wäre denn d. Alternative
(es gibt also doch eine!!) zum
anstrengenden Bösesein,

und dies wünscht euch
unsagbar herzlich

EVP 0,15 m · Foto: Herbert Linde

44 Franz Fühmann an Christa und Gerhard Wolf

[Anfang 79]

Ihr Lieben,

das wäre denn die Alternative (es gibt also doch eine!!)
zum anstrengenden Bösesein,

und dies wünscht euch

unsagbar herzlich

Franz

45 Franz Fühmann an Christa Wolf

Märk. Buchholz
23.5.79

Liebe Christa,

zunächst einmal möchte ich Dir herzlich für Dein neues
Buch danken und Dir sagen, daß Du damit etwas ganz
Außerordentliches geschaffen hast. Das ist eine Dichtung
aus einem Guß, ich habe sie fasziniert und tief bewegt gelesen, ich habe auch einige Kritiken von drüben gelesen und
bin einfach traurig. Nicht über die blöden und plumpen An-
biederungen von Leuten à la Dr. Bilke, davon muß man sich
einmal energisch distanzieren, aber daß man auf den Gedanken kommt, dieses Buch als eine literaturgeschichtliche
Konstruktion zu nehmen und nachzurechnen, welche Sätze
darin welche Zitate sind, und ob das anginge oder nicht anginge –: Gut, man darf natürlich als Kritiker alles, fragt sich
bloß, was man damit erweist. Aber ich glaube, das ist nur ein
andrer Ausdruck unsrer Situation, dieses Ohne-Alterna-
tive-Lebens, und wir werden uns damit abfinden müssen.

Ich lege Dir die Kopie eines Schreibens bei, das ich an den
Vorsitzenden des Staatsrats gerichtet habe; ich hatte ursprünglich nicht die Absicht, jemand Zweitem davon Mitteilung zu machen; ein Brief ist entweder offen oder ge-

schlossen, aber nachdem ich gesehen habe, wie andre Briefe gleicher Adresse der Öffentlichkeit aufgedrängt werden, will ich wenigstens einige Freunde unterrichten. – Dem Herrn Noll wird man nun auch nicht mehr die Hand geben können, nun ja. – Je nun.

Christa, ich möchte möglichst bald einmal mit Dir sprechen. Willst Du mich nicht einmal besuchen, wenn Du eine Weile in Berlin bist, es ist eine knappe Stunde mit dem Wagen (oder eine gute Stunde, je nach Verkehr). Auf jeden Fall schreib ich Dir mal den Weg: Autobahn Dresden; Abzweigung Halbe/Teupitz; nach Halbe; Weg nach M. B. gut ausgeschildert;

Du kommst auf den Marktplatz, fährst einen Viertelbogen, kommst auf die F 179, bleibst aber nur 60 m drauf, *über* die nächste Kreuzung weg, und *sofort* dahinter halblinks halten, die F 179 geht halbrechts weiter nach Lübben, halblinks zweigt der Birkholzer Weg (so beschildert) ab. Da fährst Du eine Plattenstraße bis zum Ende, rechts eine Hühnerfarm, das Ortsendeschild, es beginnt ein grauenvoll aussehender Waldweg, aber der hat festen Untergrund, nur Schlaglöcher. Vor Dir siehst Du in ca 500 m Entfernung ein Hügelchen, das deutlich den Horizont begrenzt, darüber darfst Du nicht hinaus, sonst bist Du verloren. Knapp vor dem Hügelchen siehst Du links eine Villa, das ist es *nicht*; rechts taucht, wie es sich gehört, etwas Draht & Beton auf, verfallene Betonpfeiler und Reste Draht dran, eine spitze Ecke, und dahinter, kaum sichtbar, ein Häusle, das ists. Rechterhand biegt ein Wegle ab, dem fährst Du nach, aufs Häusle zu, und fährst durch eine fragmentarische Einfahrt hinten rein. Dann gehts nicht mehr weiter.

Wenn Du kommen willst, tät ich mich freuen, bloß bitte vorher Bescheid, da ich manchmal fort bin. Für eine eilige Nachricht kannst Du den Taxifahrer hier anrufen, Herrn Grewe, der richtet mir's aus: 276, Vorwahl: 02485. –

Ich schick Dir den Brief unter etwas merkwürdigen Sicherungsumständen, aber ich habe Grund zu der Annahme, daß bestimmte Briefe nicht bloß durch technische Pannen verloren gehn.

Machts gut, ihr zwei, und schmeißt die Kritiken weg: Dein Buch *ist* gut! Du bist damit auf einer neuen Stufe. – Ich weiß was das heißt.

Händedruck, Christa, Salut, und im Übrigen stehn wir wohl auf verlorenem Posten.

Franz

[Anlage:] FRANZ FÜHMANN AN ERICH HONECKER

17.5.79

An den
Vorsitzenden des Staatsrats der
Deutschen Demokratischen Republik
102 Berlin
Marx-Engels-Platz

Sehr geehrter Herr Honecker,
es ist das erste Mal, daß ich mich an Sie wende, aber meine Sorge ist so groß, daß ich glaube, Sie sollten davon wissen. Ich fürchte, um es grad heraus zu sagen, daß die Maßnahmen gegen Stefan Heym über den juridischen Rahmen und den einer literarischen Kritik hinaus auf die Existenz und das Entstehen einer Literatur zielen, die nicht von den jeweils geltenden Begriffen politisch-ideologischer Nützlichkeit oder Schädlichkeit ausgeht, sondern von der ungeteilten Erfahrung des Volkes der Deutschen Demokratischen Republik, von dem wir Schriftsteller ja ein Teil sind.
Darf ich Sie, hochverehrter Herr Vorsitzender des Staatsrats, daran erinnern, daß Werke, die heute zum festen Be-

stand der sozialistischen Literatur im internationalen wie im nationalen Maßstab zählen, Romane Bulgakows, Stücke Majakowskis, Novellen Babels, Erzählungen Platonows; oder Christa Wolfs »Nachdenken über Christa T.«, Heiner Müllers »Umsiedlerin«, manche Essays Günter Kunerts, manche Gedichte Volker Brauns – daß alle diese Werke auch einmal als »schädlich« und »feindlich« ja »konterrevolutionär« verurteilt wurden, und darf ich Ihnen, Herr Vorsitzender, zu bedenken geben, ob nicht durch eine solche Praxis Werke, die heute unserer Kultur zum Ruhme gereichen würden, damals schon im Entstehen verhindert worden sind. – Eislers Oper vom »Doktor Faustus« blieb nach einer solchen Kampagne ungeschrieben; sie könnte heute aller Welt von der sozialistischen Kunst unsrer Republik künden. Erging es gleich ihr manchem Roman, manchem Drama, manchem Gedicht? Denn die Autoren standen vor der Wahl, dem zu folgen, was eine so hohe moralische und politische Autorität wie die führende Kraft dieser unsrer Gesellschaft ihnen als verpflichtend in Tun und Lassen aufgab, oder ihrer Erfahrung und ihrem künstlerischen Gewissen zu folgen. Dieses Dilemma kann tödlich sein, denn es läßt, zumal wenn es chronisch wird, einem nur die Wahl zwischen wachsender künstlerischer Sterilität oder bösem, weil so ganz und gar ungewollten Konflikt. Wir hofften die Praxis überwunden, die, zum Gestern hin manchmal sich zwar korrigierend, dies Dilemma doch immer wieder neu erzeugte. Die Kulturpolitik des 8. Parteitages brachte diese Hoffnung zur schönen Blüte. Nun tritt immer mehr ein Klima ein, von dem ich fürchte, daß diese Blüte darin erfriert.

Ich bitte Sie, Herr Vorsitzender, es nicht als pathetisch zu nehmen, wenn ich sage, daß literarische Talente auch im Sozialismus nicht so sehr üppig gesät sind, und daß jeder Mensch sein Leben nur einmal lebt. Für einen Schriftsteller heißt das: in diesem seinem Leben jenes Werk schaffen, das nur er zu schaffen vermag. Man wird ihn einmal nur danach, nur nach diesem seinem Werk beurteilen, selbstverständlich mit all seinen möglichen – und im künstlerischen Schaffen auch ganz unvermeidlichen – Irrtümern und Irrwegen, und man wird die Gesellschaft, darin er gelebt, nicht zuletzt nach dem Maße beurteilen, in dem sie ihren Begabungen und Talenten (und vielleicht Genies) ein Wirken ermöglichte, oder erschwerte, oder nicht ermöglichte.

Wir Schriftsteller, die wir aus freier Wahl in der Deutschen Demokratischen Republik leben und arbeiten und dies auch weiterhin tun wollen (und ich sage in meiner Ausdrucksweise: die wir unserem Land und seiner Entwicklung so dienen wollen, wie Literatur einer Gesellschaft einzig zu dienen vermag: mit der Wahrheit, der ganzen und der unteilbaren Wahrheit, und nicht mit einem schönen Schein), wir Schriftsteller werden aufgefordert, hierzulande frei unsre Meinung zu sagen, und manche von uns werden hart gescholten, daß sie es tun, aber nicht hier tun, allein da sie es hier nicht tun können, schilt man sie also, daß sie es tun. Man nennt die Sache nur nicht beim Namen. Ich habe selbst, am eigenen Beispiel, erfahren müssen, daß eine solche Meinungsäußerung (die meine, als Essay, in das ich sehr viel Arbeit investierte, war als Beitrag zur Vorbereitung des letzten Schriftstellerkongresses gedacht, und zwar als ein Beitrag hier, in unserer Presse) – daß eine solche Meinung also hier trotz allen Bemühens unveröffentlicht bleibt, wenn sie offenbar gegen ein Tabu verstößt, von dem gleichzeitig gesagt wird, daß es nicht existent sei. Ich muß mich so unbestimmt ausdrücken, denn Gründe für die Inhibierung dieser Arbeit sind mir konkret nie mitgeteilt worden. – Ich mache mir tiefe Sorge über das Schicksal meiner Arbeit, der von heute und noch mehr der von morgen, also über die Perspektive meiner literarischen Existenz. Ihr Name, Herr Vorsitzender, ist auf eine schon Geschichte gewordene Weise mit großen Anstrengungen ver-

knüpft, jene Demokratisierung der sozialistischen Gesellschaft zu leisten, die ja nicht nur ein Schriftsteller für lebensnotwendig hält. Darum möchte ich, daß Sie von meiner Sorge wissen. – Ich bitte um nichts; schon gar nicht für mich. – Doch, ich bitte um dies Eine: mein Schreiben so zu nehmen, wie es gemeint ist: ernst, und der ehrlichsten Anteilnahme an der Entwicklung unserer sozialistischen Demokratie entsprungen. Sollten Sie, Herr Vorsitzender, der Meinung sein, daß ich mit meinen bescheidenen Kräften einen Beitrag leisten kann, jenes so ganz und gar Ungewollte mindern zu helfen, wäre ich dankbar froh, dahin wirken zu können und stehe dafür jederzeit zur Verfügung.

Ich bin mit dem Ausdruck vorzüglicher Hochachtung

Ihr Ihnen sehr ergebener

46 CHRISTA WOLF AN FRANZ FÜHMANN

Neu Meteln, 24. 5. 79

Lieber Franz,

Deinen Brief muß ein berittener Bote ohne auch nur einmal abzusteigen oder sonst ein Päuschen zu machen von Märkisch Buchholz stracks nach Meteln in der Hand getragen haben, heute früh war er hier. Danke. So sitzen wir auf unseren voneinander entfernten Liegenschaften und brüten über Briefen an den König, ich bis jetzt nur im Geiste, das Gefühl der Vergeblichkeit hat sich mir zu tief eingefressen. Die Sprache, die Du führst, hab ich schon verbraucht, oder sie hat sich in mir verbraucht, bis auf den Grund. Vielleicht behellige ich noch meine PEN-Brüder im Präsidium mit dem Ansinnen, eines ihrer Mitglieder wenigstens gegen unterschwellige Difamierungen in der Presse in Schutz zu nehmen, da ja die breite Öffentlichkeit nicht so genau weiß, wann und warum irgendjemand mal eine andere Staatsbürgerschaft annahm, annehmen mußte als die des Großdeutschen Reiches, das ihm nach dem Leben trachtete. Nun. Das alles ist kaum mehr als Selbstbefriedigung, sollte aber doch nicht unterbleiben.

Übrigens waren wir auf dem Höhepunkt der diesmaligen Festspiele noch in der BRD, ich hatte Lesungen, zu meinem eignen Entsetzen in Riesensälen, bis zu tausend Leute. Las aus »Kein Ort«, da waren die Reaktionen natürlicher als die der Kritiker. Ich hab auch den Eindruck, daß sie manchmal mehr ihren eignen Geist schillern lassen als einem Buch gerecht werden wollen. Daß es Dir gefällt, freut mich sehr. Ich merke beim Lesen, daß ich es jetzt so nicht mehr schreiben würde, aber das ist ja selbstverständlich. – Hier lagert die Auflage, nicht ganz vollständig, seit zwei Monaten bei LKG, sie können nicht ausliefern, weil sie Teilauflagen nicht mit ihrem Verteilerschlüssel ent- oder verschlüsseln können. Die werde ich demnächst zu einem Sonderpreis für weise Kulturpolitik vorschlagen.

Deine genaue Wegbeschreibung zu Deinem Häusel heb ich mir gut auf. Wir werden Dich sicher spätestens um den 20. Juni herum besuchen, da wird uns Annette mit einem neuen Baby beglücken, und wir werden in Berlin sein. Deine Zeichnung wird sicher später mit all unsern ungedruckten Manuskripten in ein Museum kommen. [...] – Übrigens, komischerweise bin ich ganz guter Stimmung. Vielleicht, weil alles immer noch klarer wird – auch auf verlornem Posten kann man gute Laune haben, nicht? –, vielleicht, weil hier gerade die Apfelbäume unbeschreiblich blühn. Hast Du auch was zum Freuen?

Sei gegrüßt, auch von Gerd.

Ich schick meinen Brief mal uneingeschrieben, damit er morgen früh weggehen kann.

[Anlage:] CHRISTA WOLF AN HENRYK KEISCH

Neu Meteln b. Schwerin, d. 23. 5. 1979
An den
Generalsekretär des PEN-Zentrums DDR
– Henryk Keisch –
108 Berlin
Friedrichstraße 194-199

Lieber Henryk Keisch,
 gegen meine ursprüngliche Absicht kann ich zu der Präsidiumssitzung am 25. 5. nicht kommen, ich bin nicht hier. Ich möchte aber – für den Fall, daß nicht schon ein anderes Mitglied des Präsidiums die Sprache darauf bringt – folgendes beantragen:
 Das Präsidium des PEN-Clubs der DDR möge sich kritisch mit einer bestimmten Tendenz jenes Kommentars auseinandersetzen, der am 13. Mai 1979 unter der Überschrift »Konsequenzen einer Gesetzesverletzung« im »Neuen Deutschland« und anderen Presseorganen der DDR veröffentlicht wurde. Dieser Kommentar versuchte, einer breiten Öffentlichkeit durch zwielichtige Formulierungen einen sehr weitreichenden Verdacht gegen unser Mitglied Stefan Heym zu suggerieren, indem er Heym als »ehemaligen USA-Bürger« bezeichnete, der mit einem westlichen Korrespondenten einen »konspirativen Treff« gehabt habe. Die Leser der genannten Zeitungen sind naturgemäß weniger genau als wir über das Leben Stefan Heyms informiert und können nicht wissen, unter welchen Umständen er die Staatsbürgerschaft des Großdeutschen Reiches verlor, das ihm wie den anderen emigrierten deutschen Schriftstellern nach dem Leben trachtete. Ich will nicht hoffen, daß ein Artikel wie der von mir beanstandete darauf angelegt ist, eine Person für politisch-kriminelle Beschuldigungen zu präparieren; dennoch halte ich es für rich-

tig, daß in einem solchen Fall das Präsidium unseres PEN-Zentrums diffamierende Formulierungen zurückweist, denen ein PEN-Mitglied in der Öffentlichkeit ausgesetzt ist, auch dann, wenn einige oder die Mehrzahl der Präsidiumsmitglieder gegen einige Handlungen oder Äußerungen des Betroffenen Vorbehalte haben sollten.

Mit freundlichem Gruß

[Anlage:] CHRISTA WOLF AN KURT HAGER

Neu Meteln den 23. 5. 79

Sehr geehrter Genosse Professor Hager,
  ich halte es für meine Pflicht, Dich von dem beiliegenden Brief zu unterrichten, dessen Original ich mit gleicher Post an den Generalsekretär des PEN-Zentrums DDR absende. Stärker noch, als ich es in diesem Brief tue, möchte ich Dir gegenüber zum Ausdruck bringen, daß mich die von mir angeführten Formulierungen in dem Kommentar des »Neuen Deutschland« sehr erschreckt haben. Solche Artikel sind geeignet, eine Atmosphäre der Unsicherheit, des Mißtrauens, sogar der Angst zu erzeugen. Ist es wirklich nicht möglich, eine Auseinandersetzung sachlich, öffentlich und so zu führen, daß auch die Gegenseite zu Wort kommt? – Im übrigen habe ich meine Sorge über die Entwicklung der Kulturpolitik in der DDR so oft schriftlich und mündlich geäußert, daß ich mich nicht mehr wiederholen will. Ich sehe voraus, daß jeder, der Sorge äußert oder einen Kollegen gegen Diffamierung in Schutz nimmt, bald selbst unter die Verdächtigen eingereiht wird. Ich spüre die Wirkung solcher Verdächtigung deutlich genug. Soll ich deshalb aufhören, meine Meinung zu sagen?
  Das ist eine rhetorische Frage.

Mit sozialistischem Gruß
Christa Wolf

[Ergänzung:] HENRYK KEISCH AN CHRISTA WOLF

Henryk Keisch

P.E.N.-ZENTRUM DEUTSCHE DEMOKRATISCHE REPUBLIK

1. Juni 1979

Liebe Christa,

Dein vom 23. Mai datierter Brief an mich war, als das Präsidium am 25. tagte, noch nicht eingetroffen. Ich schicke Dir anbei den Originalumschlag. Aus den diversen Poststempeln ist ersichtlich, daß der Brief am 28. beim Postamt 108 Berlin einging, was in der Tat für einen Eilbrief ein bißchen sehr spät ist. Da entgegen Deiner Vermutung der von Dir aufgeworfene Punkt von keinem der anwesenden Präsidiumsmitglieder zur Sprache gebracht wurde (anwesend waren Kamnitzer, Keisch, Hermlin, Cwojdrak), kam er nicht zur Beratung.

Unbeschadet dessen teile ich Dir gern meine persönliche Meinung dazu mit. Auch ich finde die Erwähnung der früheren US-Staatsbürgerschaft Stefan Heyms in dem gegebenen Zusammenhang überflüssig, mißverständlich und, falls mit Absicht mißverständlich, gewiß zu rügen. Ich knüpfe allerdings daran keine Befürchtungen von der Art, wie Du sie andeuten zu müssen glaubst. Und ich wundere mich ein bißchen über das Mißverhältnis zwischen der Empfindlichkeit für einen falschen Ton, die Du in diesem Fall beweist, und Deinem Schweigen angesichts unzähliger Maßlosigkeiten, Verdächtigungen, Verleumdungen und Pöbeleien aus der Feder oder dem Munde einiger Kollegen (darunter Stefan Heym), die sich gegen Staat, Gesellschaft, Einzelpersonen in der DDR richten und von westdeutschen Publikationsmedien verbreitet werden. Was diffamierende Formulierungen angeht, denen ein PEN-Mitglied in der Öffentlichkeit ausgesetzt wird, so könnte ich mindestens eine nennen, bei der Du versäumt

*hast zu fordern, das Präsidium solle sie zurückweisen. Sie be-
traf den Generalsekretär unseres Zentrums und war in aus-
drücklichem Zusammenhang mit dessen Funktion in einem
auch sonst unflätigen Artikel des gewissen Raddatz in der
»Zeit« enthalten. Empfindlichkeit auf der einen, Indifferenz
auf der anderen Seite, das ist nicht sehr überzeugungskräftig.
Ich erinnere daran, daß, als unser Mitglied Stephan Hermlin
in einer westdeutschen Zeitung beschimpft wurde, paradoxer-
weise von dem gewissen Seyppel, ich es war, der Hermlin gegen
seinen Beleidiger in Schutz nahm und eine geplante Clubver-
anstaltung mit Seyppel absagte.*   *Freundlichen Gruß*
                                                Henryk Keisch

*PS. Durchschriften dieser Antwort gehen natürlich an die
beiden Empfänger von Durchschriften Deines Briefes.*

[Ergänzung:] CHRISTA WOLF AN HENRYK KEISCH

                                        Neu Meteln, 17. 6. 79
Lieber Henryk Keisch,
    *Dein Brief erfordert eine kurze Antwort, auch damit Du
Dich nicht weiter wunderst über ein angebliches Mißverhältnis meiner verschiedenen »Empfindlichkeiten«. Allerdings empfinde ich eine besondere Verantwortung für das,
wenn in unserer Presse Verdächtigungen, Verleumdungen,
Diffamierungen z.B. von Kollegen gedruckt werden – das,
was Du »falsche Töne« nennst. Wenn ich kann, sage ich dazu
meine Meinung. Diese Presse habe ich abonniert, im Gegensatz zu den Presseerzeugnissen, auf deren sicherlich nicht selten diffamierende Formulierungen Du mich hinweisen zu
müssen glaubst: Ich bin kein ständiger Leser der »Zeit«, ver-
füge auch nicht über die Einsicht in die Artikel, die ein Aus-*

schnittdienst zum Beispiel Dir zugänglich macht. Wenn ich Kenntnis bekomme von derartigen Erzeugnissen, so reagiere ich durchaus – nicht so empfindlich wie bei der einheimischen Presse: ich erwarte dort nichts anderes und trage dafür keine Verantwortung. Falls die Autoren von »falschen Tönen« in der DDR leben, sage ich ihnen meine Meinung. Wenn Du Dir die Mühe machen willst, jenen Brief herauszusuchen, in dem ich der Absage einer Lesung von Joachim Seyppel im PEN zustimme, wegen seiner empörenden Diffamierung von Stephan Hermlin: dort könntest Du lesen, was ich Empfindliches darüber geschrieben habe.

Also wozu diese Retourkutsche? Die Meinungsverschiedenheiten, die in der Beurteilung bestimmter Vorgänge sicherlich zwischen uns bestehen, liegen nicht auf dem Gebiet der Empfindlichkeit für falsche Töne.

Diesen Brief schicke ich nicht an andre Empfänger, will Dich auch nicht überzeugen. Nur habe ich Anlaß zu dem Versuch, Mißdeutungen immer dann, wenn sie mir bekannt werden, zu begegnen.

Beste Grüße
Christa Wolf

47 Franz Fühmann an Konrad Wolf

8. 6. 79

Lieber Konrad Wolf,

nun wird es doch ein langer Brief, wahrscheinlich monströs in seiner Länge und Formlosigkeit. Aber Sie müssen ihn ja nicht zu Ende lesen.

Ich möchte mit was ganz andrem anfangen. Kürzlich war irgendwo im Fernsehn ein Auftritt von Peter Rühmkorf, einem liebenswerten Verrückten, Dichter & Träumer, der hatte vor langer Zeit, in den 50er Jahren, mal im KONKRET eine Kolumne:

LYRIKSCHLACHTHAUS, da drin hielt er grandiose Schlachtefeste ab, und nun wurde er gefragt, warum er das nicht mehr mache, und er sagte: Nein, das mach ich nicht mehr, unser sind ja nicht mehr viele! Es seien so wenig, die singen könnten, die Dichter seien selten gewordene Vögel, ob sie nun wohlsängen oder piepten, man solle sie alle in Ruhe lassen, und er werde keinem mehr wehtun – das war so lieb, und das riß bei mir tiefe Wunden neu auf, oder streute Salz in offene, und ich denke jetzt auch wieder dran, weil Ihr Brief mir zeigt, wie sehr ich Sie gekränkt habe. Ich wollte es nicht, und will es auch jetzt nicht, und werde es doch wohl wieder tun – es ist furchtbar, wirklich, daß wir einander quälen und kränken und aufeinander einhaun und uns zerfleischen; wir sind nicht viele. Es gibt da ganz unwürdige Stellvertreter-Funktionen, deren wir uns entledigen müßten, aber unsere Berufe sind offenbar auch so beschaffen, daß wir es in einem gewissen Maß dennoch weiter tun müssen. Ich lese bei Trakl, ich arbeite über ihn: DER WAHRHEIT NACHSINNEN – VIEL SCHMERZ. Wir tun uns selber und einander weh. Aber wir sollten es ehrlich meinen. Ich wills versuchen. Also die Stelle in Ihrem Referat, die übrigens nicht nur mich so verstört hat, ich könnte Ihnen wenigstens fünf ernstzunehmende Leute nennen, die gleich mir reagiert haben – die Stelle steht im ND vom 9. 5. auf S. 4 die dritte Spalte unten bis vierte Spalte oben. Sie unterscheiden vorher einen »offenen Faschismus«, dessen Auftreten Sie im Augenblick als gezügelt ansehn, wohingegen: »die Hauptgefahr in jener Tendenz liegt, die ich den ›normalen‹ Faschismus nennen möchte. Seine Symptome sind ... die Vorschläge an die Bewohner der sozialistischen Länder, durch Reformen die Selbstauflösung des Staat gewordenen Sozialismus zu betreiben.« In dieser Ihrer Formulierung ist in einer in unserer Propagandasprache eigentümlichen, höchst gefährlichen und unguten Weise Zweierlei, ja Dreierlei in Eines zu-

sammengezogen; entfaltet müßte sie wie folgt lauten: »*... die Vorschläge an die Bewohner der sozialistischen Länder, Reformen zu verlangen. Diese Reformen würden zur Selbstauflösung des Staat gewordenen Sozialismus führen*«; *und ganz exakt müßte diese Stelle so lauten:* »*... die Vorschläge an die Bewohner der sozialistischen Länder, Reformen zu verlangen. Von diesen Reformen glaube ich, der Referent, daß sie zur Selbstauflösung des Sozialismus gewordenen Staats führen würden.*« – *Es ist dasselbe wie:* »*Das Kind verlangt von den Eltern Schokolade, die Magenverstimmung auslösen würde.*« *Nein, das Kind verlangt von den Eltern Schokolade. Die Schokolade würde, nach Ansicht der Eltern, Magenverstimmung auslösen. Mit der Zusammenziehung dieser zwei Sachverhalte in einen wird von vornherein das Kind ins Unrecht und werden die Eltern ins Recht gesetzt: Die Schokolade ist automatisch mit Magenverstimmung gekoppelt, und das wird als objektiver Sachverhalt hingestellt, wiewohl es doch nur eine Meinung darstellt. Daß ein Kind auch Schokolade zu Recht verlangen könnte, etwa weil sie ihm schmeckt, oder weil sie versprochen wurde, oder weil es Durchfall hat, oder weil sie ihm nichts schadet – diese Möglichkeit ist von vorneherein so ausgeschlossen wie die, daß die Eltern nicht recht haben könnten, ihm diesen Wunsch zu verweigern: Na ich bitte Sie – soll das Kind denn mit Gewalt krank gemacht werden? – Und jetzt ist ja noch der böse Dritte da:* »*Der Fremde flüstert dem Kind ein, Schokolade zu verlangen, die Magenverstimmung auslöst.*« – *Von allein käm das Kind natürlich nie darauf. – Genau so Ihre Formulierung: Sie koppeln untrennbar zusammen: Wunsch nach Reformen wird von außen reingetragen – nach Ihrer Meinung bedeuten Reformen die Selbstauflösung des soz. Staates – sie bedeuten also Selbstauflösung des soz. Staates – Selbstauflösung aber ist eine Form der Vernichtung – Vernichtung des soz. Staates ist erklärtes Ziel des Faschismus, ergo ist Wunsch nach Reformen Faschismus, und* zwar »normaler«, und der ist die Hauptgefahr. – So stehts da, und so wird's verstanden, und so wird es benutzt werden, es erfüllt seinen Zweck. Das macht mich betroffen, eben weil ich eine bestimmte Meinung von Ihnen hatte und habe, die mich Sie jetzt ganz naiv fragen läßt: Wissen Sie wirklich nicht, was Sie mit einer solchen Formulierung anrichten? Wissen Sie wirklich nicht, Konrad Wolf, was Sie da so zum Gebrauch anbieten? Wie gesagt, nicht nur ich hab es so verstanden.

Sie werden nun sagen (und haben es ja geschrieben) ich läse etwas in diese Formulierung hinein, was nicht drinstehe. – Nein, ich falte etwas auseinander, das andere auch auseinanderfalten, nur diese eben in einer beinah schon automatischen Reflexion. – Auf dem Tisch liegt ein Dolch, und ich rufe entsetzt: Damit kann man ja jemand erstechen, und nun weist man auf die Scheide, drin der Dolch steckt und fragt erstaunt: Wieso? Welche Unterstellung! Das Ding ist doch stumpf, wo ist da eine Spitze? Ach –

ja, sicher, auch Faschisten fordern Reformen im Sozialismus, und die tun's mit dem Gedanken, daß der Sozialismus dran kaputtgehe – ach, ich mag nicht mehr weiterschreiben, ich sagte ja, dieser Brief wird monströs.

Zu diesem »Appell«. – Ich weiß nicht nur nicht, was er soll, ich find ihn peinlich. – Sie schreiben, natürlich könne man an Allem Kritik üben – darum geht es nicht, das wär lächerlich (und mit solcher Replik kann man natürlich jede Kritik erledigen). Aber ich bin halt der Meinung, daß ein Wort einer Akademie ein Wort einer Akademie sein sollte, etwas Besonderes, keine Pflicht- und Fleißübung. Ich weiß es nicht, ehrlich nicht, wirklich nicht, was diese 2 Seiten sollen. Wir leben unter einer Sturzflut von Druckerschwärze, von bedrucktem Papier, kein Mensch kann nur einen Bruchteil davon lesen, geschweige denn aufnehmen, und nun kommt eine Aka-

*demie mit 100 Bürgern und setzt ein Dokument in die Welt –
und was steht drin? Kaum drapierte Verteidigung gegen Vor-
würfe, gegen die ich mich doch nicht verteidige, wenn ich kein
schlechtes Gewissen habe. Da wird mit Getös eine Rednertri-
büne errichtet, und dann stelle ich mich drauf und beginne
zu rufen: Mitbürger, ich habe keine silbernen Löffel gestoh-
len! Lest meine Werke! Ich hab Löffeldiebe immer bekämpft!
Ich war immer schon gut! Ich hab keine kleinen Mädchen
geschändet, das macht der Böse von nebenan! Mädchen-
schändung liegt mir nicht! Lest meine Werke, ich hab schon
immer –*

*lieber Konrad Wolf, spüren Sie denn nicht die Pein-
lichkeit dieses Dokuments? Was wollen wir denn mit ihm sagen, wir, eine Akademie, mit 100 Unterschriften? Ich find es
nicht. Uns gegen die Verjährungsabsicht wenden? Das hätten 5 Zeilen wirkungsvoller getan, wenn das, bei der ver-
quollenen Situation dieser Frage, heute überhaupt noch wir-
kungsvoll möglich ist, denn indes haben wir ja auch den
Kanzler der BRD darin als Bundesgenossen. Den Faschismus
definieren? Dann muß mans ordentlich tun. Gegen den empörenden Skandal dieser Prozesse auftreten? Da hätte man
ein nüchternes Dokument machen müssen, in eiskalter Sach-
lichkeit + hellem Zorn. – Weil der 34. Jahrestag ist, und da
müßte man doch – ja aber warum* müssen *wir denn? Weils
der Jahrestag ist? Weils im Arbeitsplan steht? Weil der Gegner uns nachsagt, daß wir faschistoid sind, und da wäre es gut,
wenn wir Antifaschismus –? Wahrscheinlich; aber vielleicht
von alldem etwas.*

*Nun sagen sie, ich hätte das ja besser in einer Sitzung in der
Akademie sagen sollen statt hinterher Ihnen, und überhaupt. – Sie hätten ja Recht, wenn – na ja, wir haben ja lange
und lange darüber gesprochen, damals im Winter, im Wald,
durch den Schnee, ich denk gern dran, da haben wir ausführlich geredet, was die Akademie sein müßte, sein sollte, sein*

*könnte, ist, nicht ist, nicht sein kann, nicht sein darf, nicht
sein soll, nicht sein will. Ich hätte mich ja auch nie zu diesem
Appell gemeldet, wenn Sie nicht meine Unterschrift verlangt
hätten, und eine Unterschrift für die Öffentlichkeit gibt man
halt doch nicht so ohneweitres. – Ja, Sie haben natürlich
recht, meine Mitarbeit in der Akademie läßt sehr zu wünschen übrig, und ich sehe auch, und das ist das Fatale, ich sehe
auch keine rechte Möglichkeit, dem abzuhelfen, da ich eine
Arbeit dort nicht mehr für sinnvoll halte. Wir sitzen da so
vornehm auf vornehmen Stühlen in vornehmen Räumen bei
vornehmen Brötchen und vornehmen Kognak, und reden
und reden und reden und reden und reden und reden und re-
den und reden und reden und reden und reden und reden
und reden und reden und reden und reden und reden und re-
den und reden und*

*gemacht wird auf jeden Fall das sowieso
schon längst Beschloßne; was solls? Das Leben ist ohnehin
kurz; und dann treten plötzlich Momente auf, wo einem vor
der Möglichkeit einer jähen Verkürzung schaudert. Ich
möchte arbeiten, das Meine tun, dieses Meine, das nur ich
tun kann, und von dem ich immer weniger sehe, daß ich es
hier werde mitteilen können. – Aber das ist meine Sache; also
das Plenum. Ich bin auf dem vorletzten gewesen, zur Frage
der Öffentlichkeit im Sozialismus – es war so ein vornehmes
Referat, so schön stilisiert, so wissenschaftlich, so tiefschür-
fend, bis zur Aufklärung hinunter, bloß diese Frage, die da
ungeschlacht im Raum stand, sichtbar unsichtbar, und unverschämt grinsend, die Frage nach den hier nicht erschienenen Büchern von hier wirkenden Autoren, diese Frage
wurde so schön umgangen, und jeder umging sie, und ich
wollte mich schon melden und tat's nicht – nicht aus Feigheit,
ich hab's ja schriftlich geäußert – nein, es wäre mir lächerlich
vorgekommen. Sie kennen das doch – da hat man plötzlich
ein bestimmtes Gefühl, und weiß dann plötzlich etwas. Es war*

*eine Mischung aus Angst vor dem Lächerlichen, aus Pein-
lichkeit, auch aus Rücksicht, ich dachte mir plötzlich: da
störst du doch nur. Und das wollte ich nicht.*

*Ich wiederhole mein Angebot: Meine Arbeit in der Akade-
mie ist für uns alle höchst unbefriedigend. Ich will keinen
Skandal, nichts Spektakuläres, ich will nicht austreten,
möcht auch nicht so gern ausgeschlossen werden, aber ich
stelle Ihnen anheim, meine Mitgliedschaft einzufrieren, mich
gewissermaßen zu beurlauben, natürlich unter Einstellung
der Aufwandsentschädigung. Das wären dann, wenn auch
nicht klarere, so doch vielleicht erträglichere Verhältnisse.
Eines allerdings möchte ich auf jeden Fall noch: in der ange-
regten Vortragsreihe über Faschismus möchte ich einen öffentlichen Vortrag halten, und das möchte ich sogar möglichst bald.*

*Sie fragen, ob ich mich noch eines objektiven Blicks für fä-
hig halte? Wenn Sie damit meinen sollten, ob ich die Lüge,
die bewußte Unwahrheit als meinen Bundesgenossen wähle,
ob ich Andern etwas unterstelle, von dem ich weiß, daß ichs
nicht unterstellen kann, so kann ich diese Frage verneinen;
wenn Sie meinen, ob ich zum Blindsein neige, zum Augen-
verschließen vor Unerwünschtem, zu Reduzierung meines
Erkenntnisvermögens auf ein Bestätigen von Vorgewußten
und Vorurteilen, dann muß ich das in einem gewissen Maß
bejahen. In einem gewissen Maße: Mir schaudert vor der
kalten, eisklaren, nüchternen Objektivität, denn sie ist eine
Objektivität des Hoffnungslosen. Ich schaue zum Beispiel
auf diese Gesellschaft, in der ich nach meiner freien Wahl
lebe und auch weiterhin leben möchte (was nicht allein von
mir abhängt) – ich schaue also auf diese, nun gut: meine Gesellschaft, im Ganzen, Führung wie Volk, noch immer mit
Gefühlen wie Verpflichtetsein, Dankbarkeit, Achtung, Re-
spekt, mit einem Rest Hoffnung, vielleicht auch mit einem
Rest von Liebe, alles Gefühlen, die als vorurteilsstiftend ab-*

zubauen einmal wohl geboten sein wird. Die Objektivität wirds verlangen, dies: DER WAHRHEIT NACHSINNEN, und sie wird, diese nüchterne, kalte, entschlossen wahrhaftige Objektivität ja wohl das nicht mehr zu Umgehende werden, das, dem man dann nicht mehr ausweichen kann. Viel Schmerz; aber warum hat man auch so einen Beruf; als Kneipwirt fährt man da entschieden besser. – Daß ich subjektiv in dem Sinn bin, daß ich mit meinen Gefühlen diese Welt anschaue, das ist unbestreitbar, und daß immer mehr Bitterkeit und Resignation und Ekel in diesen Blick kommt, ist auch unbestreitbar; übrigens habe ich davor gewarnt, in einer Zeit, als ich noch Briefe in der Illusion geschrieben habe, damit etwas zu bewirken, da habe ich mehrfach, immer wieder, geschrieben, ich fürchte mich vor dem Bitterwerden, ich möcht es nicht, es liegt mir nicht sehr; ich habe es vor allem im Hinblick auf die Arbeit geschrieben, die ich seit fünf Jahren vorbereite, und an die ich mich nun ab September unmittelbar mache, den Bergwerkkomplex, eine Standortbestimmung meines Hier & Heute – also da habe ich an Prof. Hager geschrieben, und Minister Höpke, und ich weiß nicht an wen noch: Ich möchte in diese Arbeit nicht mit einem Lebensgefühl gehn, in dem die Bitterkeit überhand nimmt; ich habs stellvertretend für unsre Literaturentwicklung mitgemeint: wir reden immer von Perspektive, und was so sein müßte, und begreifen nicht, daß da etwas angelegt ist, das sich entwickeln wird –

man wird wohl darüber gelächelt haben, auf was fürn Zeug so ein Schriftsteller kommt – soll er doch fröhlich sein, wir sinds ja auch, was hindert ihn denn, diesen Sauertopf! Falsche Ideologie hat der im Kopf, und die muß raus! – Nun gut, es ist ja nicht so wichtig, und unterdes hab ich auch einsehn gelernt, daß die Bitterkeit den Blick auch freimacht; gewiß auch einengt, aber nur da, wo man sich sowieso schon genug umgesehn hat; und nun tuts gut, sich mal

91

auf einen andern Bezirk zu konzentrieren und da schärfer
zu sehn. Ohne Hoffnung leben zu lernen, es wird wohl nötig
werden; auch ein Schritt zur Objektivität. – Die Christa hat
den Satz geprägt: Wir müssen lernen, ohne Alternative zu le-
ben; das ist auch wahr. Der Mensch kann viel lernen, man
wird halt lernen müssen, schweigend zu leben; nur zu arbei-
ten; das geht nicht, ich weiß das, also muß ichs lernen. – Muß
ichs?

Dieser Brief ist monströs, ich höre jetzt auf. – Ich über-
sende Ihnen zu Ihrer Information die Abschrift eines Schrei-
bens an den Herren Vorsitzenden des Staatsrates; ich füge
hinzu: Es ist das letzte Schreiben solcher Art, mit dem ich
meine Behörden belästige. Oder besser: das vorletzte, und
ich hoffe und wünsche, das letzte nie schreiben zu müssen; es
zöge dann jene Konsequenz, die ich nicht will, die ich nicht
begehre, die mir so ganz und gar nicht gemäß wäre – aber die
halt eben Konsequenz ist. Übrigens nicht die einzig mögli-
che. Wenn ich irgendwo nicht mehr leben kann, dann gibts
immer noch die Freiheit der Wahl, nicht mehr da zu leben,
und nicht mehr da zu leben.

Ihr Vorschlag – ich danke Ihnen dafür; ich weiß nicht. Ein
freimütiges Gespräch, freimütig gewiß, wie auch anders,
aber worüber? Über den Faschismusvortrag? Wenn es not-
wendig sein sollte, ja, aber sonst? Über Unabänderliches?
Wir sind keine Klageweiber. Halten wir's so: Wenn Sie sich
für Ihre Person was davon versprechen, wenn Sie meinen,
daß ich Ihnen irgendwas helfen könnte, oder der Akademie,
dann gerne. Was sinnvoll wäre, wäre ein öffentliches Ge-
spräch zwischen uns, ruhig, sachlich, und der Wahrheit ver-
pflichtet, Sie sagen Ihre Meinung, ich die meine, und wir
unterhielten uns im Rundfunk oder Fernsehn, aber das wird
uns ja wohl verwehrt sein.

Wenn Ihnen daran gelegen sein sollte, daß ich mich zu Ih-
rem Referat äußre, erbitte ich den ganzen Text. Daß Ihr

Film fertig ist, freut mich für Sie, und sicher wird er aufge-
führt werden, und dann werd ich mir ihn ansehn.

Alles Gute, ehrlich
Franz Fühmann

P. S. Eben höre ich im Radio eine Meldung über den Aus-
schluß von acht Kollegen aus dem Schriftstellerverband. Ich
werde auch den meinen anbieten.

48 CHRISTA WOLF AN DAS PRÄSIDIUM
    DES SCHRIFTSTELLERVERBANDES

10. Juni 1979

Liebe Kollegen,
  ich schreibe Euch wegen des Mehrheitsbeschlusses des Ber-
liner Verbandes, neun Kollegen aus dem Schriftstellerverband
auszuschließen. Ich möchte den Diskussionsbeitrag von Ste-
phan Hermlin auf der Versammlung unterstützen und Euch
bitten, diese Ausschlüsse nicht zu bestätigen. Ich habe die
gleiche Ansicht wie er: Ein solcher Ausschluß so vieler Kolle-
gen – ohne Beispiel in der Geschichte des Verbandes – wird
verhängnisvolle Folgen haben: nicht nur für die Betroffenen,
auch für den Verband, für unser kulturelles Leben, für jeden
einzelnen von uns. Menschen von sich zu entfernen ist immer
einfacher, als sich mit ihnen auseinanderzusetzen und dabei
Gefahr zu laufen, auch die eigene Meinung teilweise revidie-
ren zu müssen. Ausschlußverfahren sind kein Mittel, Wider-
sprüche zu erkennen und zu lösen, aber ein ziemlich sicheres
Rezept, die Polarisierung im Verband weiterzutreiben. An-
statt jene Kollegen vor die Alternative zu stellen: Widerruf
oder Bestrafung!, würde ich es nützlicher finden, nach ihren
Motiven zu forschen und den Konflikten auf den Grund zu
gehen, die auch viele von uns immer schärfer erleben.

*Ich habe in der Versammlung gegen die Ausschlüsse ge-
stimmt oder mich der Stimme enthalten und werde meine
Meinung vertreten, daß man zum Beispiel Kollegen, die nur
eine Information über ihren Brief an den Vorsitzenden des
Staatsrates – nicht diesen Brief selbst! – weitergegeben haben, unmöglich bezichtigen kann, sie hätten sich damit »in
den Dienst der antikommunistischen Hetze gegen die DDR
und den Sozialismus gestellt«. Wohin sollen derart weitrei-
chende Beschuldigungen führen? Wie sollen Autoren, mit
diesem Makel versehen, hier weiter arbeiten und leben? –
Ihr könnt mir glauben, ich weiß, warum ich so frage.*

*In den letzten Jahren hat eine Reihe von Kollegen – habe
auch ich – Briefe oder andere Schriftstücke an verschiedene
Redaktionen, Organisationen, Partei- und Staatsstellen gerichtet, um ihre Bedenken über bestimmte Entwicklungsten-
denzen in der Kulturpolitik zu äußern. Nie wurde auch nur
eine Seite eines solchen Schriftstückes – sofern es zur Veröffentlichung bestimmt war – in unserer Presse gedruckt, nie
die Richtigstellung oder Verteidigung eines Autors auf öffentliche Angriffe gebracht, nie aus einem dieser Briefe öffentlich zitiert. Hermann Kant zitiert dagegen u.a. aus einigen – inhaltlich völlig haltlosen – Briefen Joachim Seyppels,
die dieser privat an bestimmte Personen gerichtet und nicht
selbst publiziert hat, und aus einem vertraulich zu behan-
delnden Fragebogen von Stefan Heym; aber die Frage, wo
ich zum Beispiel bei uns meinen Standpunkt zu diesen letzten Vorgängen meinen Lesern in der DDR darlegen könnte
– worauf ich großen Wert legen würde – könnte er mir auch
nicht beantworten.*

*In der Berliner Versammlung wurden nicht einmal – selbst
auf Antrag nicht – die Gegenstimmen und Stimmenthaltun-
gen bei den Ausschlußanträgen ausgezählt: so wenig gilt eine
Stimme. Ich weiß, es gab Genossen, die gegen ihre Überzeugung den Ausschlüssen zustimmten, weil sie an den Beschluß*

der Parteigruppe gebunden waren, und es gab Kollegen und Genossen, die aus Unbehagen der Versammlung fernblieben. Sagt nicht, dies seien Verleumdungen. Ihr müßt wissen, es stimmt. Ich selbst werde an einer solchen Versammlung nicht wieder teilnehmen.

Ich breche hier ab. Es geht mir nicht um Beschwerde, nicht um Polemik. Ich bitte Euch nur: Bedenkt die Folgen des Ausschlusses von neuen Kollegen aus unserem Verband. Ein Versuch, anstelle dieser organisatorischen Maßnahme noch einmal das Gespräch mit den Kollegen zu suchen, würde, davon bin ich überzeugt, die Autorität und das Ansehen des Präsidiums und seines Präsidenten nur stärken können.

In der Hoffnung, daß ich meine Ansicht und meine Absicht deutlich machen konnte und daß Ihr diesen Brief als einen ernst gemeinten, von schwerer Sorge diktierten Appell versteht, schließe ich mit den besten Grüßen

Christa Wolf

49 CHRISTA WOLF AN FRANZ FÜHMANN

Neu Meteln, 27. Juni 79

Lieber Franz,

als ich gestern in Wismar war, die Postsendungen aufgeben – auch die mit meinem Büchlein für Dich (wobei ich übrigens ein Lehrmädchen auf der Post nur mit Mühe daran hindern konnte, mir ganze hundert Mark zuviel herauszugeben: Sie hatte die enorme Rechenleistung, von fünfhundert Mark dreihundertvierzig abzuziehn, nicht selbst vollführen können, sondern sie einer Rechenmaschine anvertraut, und der glaubte sie nun mehr als meinem simplen Vorrechnen mit den Fingern: Dies nur als Vor-Beispiel zum Hoffmannschen MaschinenMenschen, der an den Automaten fest-

hängt, die er gleichwohl nicht zu bedienen weiß) – als ich
dann noch frisches Brot, den wunderbaren frischen Meck-
lenburger Zuckerkuchen, Zwiebeln, große und mittlere
Briefumschläge, Farbbänder, Schlagschaum und schieres
Rindfleisch gekauft, mußte ich leider zum Zahnarzte, und
auch wenn ich auf dem Wege dorthin mit Gerd zusammen
gegen jede Regel eine halbe Platte des herrlichen Kuchens im
Auto aufaß (was ein großes Achtelblech ist) und mir die
Zahnlücken mit Kuchenkrümeln und Zucker verstopfte,
so konnte das doch meine Angst nicht besänftigen: Denn
der Zahnarzt würde – und das tat er denn auch – an meinen
beiden Vorderzähnen herumschleifen, von denen ein paar
Jackettkronen (schreiben die sich so?) abgesprungen waren,
und er würde mich, wenigstens für drei Tage, mit zwei
Zahnstummeln vorne oben entlassen. Und dies tat er auch,
der böse Mann, wenn er mir auch, entgegen meiner Erwar-
tung, sonst keinen Schmerz zugefügt hatte. Aber nun war
ich, bin ich, was mein Gebiß betrifft, drei unselig-gesegnete
Tage lang im Hexenstand, und es muß von da eine Wirkung
auf meine Rezeptionsfähigkeit von Hexischem, Zaubri-
schem, Unheimlich-Schaurigem ausgegangen sein, denn seit
wir aus Wismar zurück sind bis eben, das heißt, vierund-
zwanzig Stunden lang, mit Schlaf- und Eßpausen allerdings,
las ich Dein Büchlein über E. T. A. Hoffmann, und es regte
mich auf.

Und das nicht nur als Mit-Hexe, sondern als Mit-Lebende,
als Mit-hier-Lebende, eine Feststellung, an die ich, als Frage,
gleich eine Vermutung anfügen will: Glaubst Du eigentlich,
daß man Deine Essays anderswo genauso verstehen, daß
man ihnen in ihre Voraussetzungen, Assoziationen, ihre Be-
troffenheiten, Grimmigkeiten, ihre Polemik, ihre Inständig-
keit, ihre beinah flehentlichen Beschwörungen und ihre
schmerzlichen, sehr schmerzlichen Schlüsse genau so folgen
kann? Denn es ist ja nicht die Hoffmann-Lektüre, die sie

hervorgebracht, es ist ja Deine Teil-Identifikation mit einem Mann, einem Autor, der im Grenzbereich zwischen zwei Wert-Systemen leben muß, die einander beeinflussen, aber nicht aufheben, geschweige durchdringen können – obgleich sie sehr wohl gleichzeitig in jedem Menschen wirken und er sehr oft nur die Wahl hat, nach dem einen oder nach dem andern, oft sogar: nach beiden schuldig zu werden. Denn das dritte, neue, »gültige« Wertsystem ist nicht in Sicht, und unserm Mann bleibt nichts, als seine gespenstische beklommene Lage exakt, das heißt in Gespenstern, darzustellen: Und dies ist genau die Situation, die wir kennen, wenn wir sie auch spät – manchmal denk ich: für literarische Ausbeute zu spät – erkannt haben. Dabei gab es doch schon diesen Bulgakow und seinen Roman »Meister und Margarita« – ein von mir inbrünstig verehrtes Stück Literatur –, der ja doch nicht aus Versehen und purem Zufall erst dreißig Jahre, nachdem er geschrieben, gedruckt worden ist und der die zeit- und ortsgerechte Variante jenes Teufelspuks »zwischen den Zeiten« beschreibt, zu der Hoffmann zu seiner Zeit seinen Beitrag leistet.

Denn mit den banalen Wörtern »Glauben« und »Enttäuschung« ists ja nicht getan, wenn auch das, was uns geschehen ist, im einzelnen Leben diese Wörter mit decken. Doch ich habe mir gerade jene Stellen in Deinen Aufsätzen dick angekreuzt, welche die Dialektik dieses Prozesses betonen (»und die Sünde war ja nicht immer Sünde, auch sie war einmal wenn auch nicht Tugend, so doch das Notwendige gewesen«) und jene über die »rigorose Verdinglichungspraxis«: über diese furchtbarste Erfahrung, vom Geliebten – auch von der »geliebten Sache« – zum Werkzeug mißbraucht, zum Objekt gemacht zu werden: »Und daß es so gewöhnlich ist, daß man's nur bemerkt, wenn es einen selbst trifft, doch dann mitten ins Herz.« So ist es, und an solchen und manchen anderen Stellen hatte ich das unheimliche, nicht aber schauerliche Gefühl, Du arbeitest mir zu, vielleicht, wir arbeiten uns gegenseitig zu … Ich nage zur Zeit an dem gleichen Kloben, tat es schon mit Kleist und Günderrode. Kennst Du die letzten Prosaarbeiten der Bachmann? In »Todesarten« wird nichts anderes beschrieben als eben das: Das zum Sterben schauerliche Mißbrauchtwerden von dem, den sie am meisten geliebt.

Ich frage mich, ob jene ebenfalls schauerlichen Mädchen bei Hoffmann, diese Veronikas, die Hofrätinnen werden wollen, auf die Du öfter mit Recht schaudernd zurückkommst – ob nicht sie, unbewußt natürlich und ohne daß sie dadurch gerechtfertigt werden, eine Vor-Rache nehmen an dieser Männergesellschaft, die sie zur Geschichtslosigkeit verdammte? Was sollten sie denn sonst werden wollen als Hofrätin? Gretchens und Klärchens Schicksal ist ja so nacherstrebenswert nicht: sich dem an sein Amt und die Politik, vielleicht sein Genie (Faust) gebundenen Mann ganz hinzugeben, führt schnurstracks zum Tode. Wer leben will von diesen Mädchen, der hat von Müttern und Großmüttern die Erfahrung geerbt, daß er – also sie – des Mannes *Amt* lieben muß, und sein Genie zum Gebrauchswert (für sich) zurechtstutzen: So sieht es ja, von den Mädchen her gesehen, aus, wenn auch natürlich der durchs weibliche Geschlecht zutiefst verwundete Hoffmann seinerseits in den seinen Schmerz- und Racheträumen entsprungenen Marionettenweibchen ganz wahr ist. Das ist es ja eben: Auf keiner Seite liegt das »Recht«, in solchen heillosen Zeiten muß eins das andere kaputtmachen und zerstören.

Muß es das wirklich? Werden, müssen die sich verselbständigenden Surrogate weiter und immer weiter Surrogate zeugen, Surrogate von Surrogaten, Ersatzgefühle, Ersatzleben, Ersatzmenschen? Was setzen wir dem, schreibend, entgegen? In mir ist seit einiger Zeit wieder eine große Sehnsucht nach dem Positiven, ohne Anführungszeichen, nach dem, was bleibt. Ich schäme mich schon, mich zu tief in Scheingefechte verstrickt, gegen vorgeschobene Schattenfiguren gefochten und in diesem Kampf meine Kräfte zerschlissen zu haben. Vielleicht war auch diese Erfahrung nötig, die, da ich nun mal eine Frau bin, auch zu der nicht sie in die Geschichte eintreten, mit keinem Pardon, keiner Schonung mehr zu rechnen haben; daß sie dann, wenn sie wirklich anfangen wollen, sich einzumischen, (natürlich) den gleichen Prozessen unterworfen sind wie die Männer jahrhundertelang, darunter Verdinglichungsprozessen, darunter den von ihnen selbst oft akzeptierten Anpassungsprozessen, die zu ihrer Neutralisierung führen. Also was tun? Sich raushalten? Schreiben? Ich weiß keine Lösung, die den *ganzen* Menschen befriedigen würde ...

Aber das ist vielleicht schon wieder ein zu hoher Anspruch. Ich will Dir nur zeigen, wie Dein Buch einen ganzen Schwarm von Gedanken in mir aufgestört hat, der mir gerade recht kommt.

Dankeschön, und mach's gut.

Deine C.

50 FRANZ FÜHMANN AN CHRISTA WOLF

3.7.79

Liebe Christa, das find ich ja gut, wenn Hexen eine Krone aus dem Zahn fällt, dann schreiben die Briefe – Du, Christa, ich möcht Dir soviel drauf antworten, und ich tu's auch bald, ich les jetzt grad Deinen Essay über die Günderrode – das Eine kann ich jetzt schon sagen, ich glaub, es fängt bei Dir mit Roman & Essay zu der Unglücklichen mit den zwei »r« wirklich was Neues an –

aber ich schreib Dir dann gleich, und wenigstens ebenso lang, und was zu sagen hätt ich Dir so viel. Jetzt nur: Ich studier grade Nietzsche, das ist eine wahnsinnige Lektüre (die »unzeitgemäßen Betrachtungen«, und zwar die über Straus und Schopenhauer, da wirst Du irre, der hat *alles* gesehen!) also der N. hat bei irgendeiner Neuerscheinung von ihm einmal gesagt, Hauptsache, das Buch kommt zu den 20 Leuten, auf dies ankommt, alles Andere ist nebensächlich, und es ist wirklich so. Wir brauchen einander, und wahrscheinlich ist es der Sinn dieser heillosen Epoche, daß sie uns zueinander rückt.

Und noch dies: Wollen wir nicht – wir wollten doch seit Jahren – ernsthaft dem Rundfunk den Vorschlag machen, ein Gespräch miteinander zu führen. Jetzt *haben* wir unser Thema, und man sollte den Leuten dort die Verlegenheit nicht ersparen. Lassen wir es drauf ankommen, magst Du?

Bis bald mehr, Gruß an Gerhard,

Danke Dir
Franz

51 FRANZ FÜHMANN AN CHRISTA WOLF

19. 7. 79

Liebe Christa,

danke; nur ganz schnell:

der 12. August paßt mir ausgezeichnet, da ist nämlich Marsha-Tag, ich bin sowieso in Berlin, und wenn es euch recht ist, könnt ich am Abend so gegen 19.30 vorbeischaun. – Worüber ich mit Dir sprechen möchte, ist das Absurde, eben das, über ein Gespräch, Du und ich im Rundfunk, das werden wir beantragen, und dann wollen wir ja sehn. – Christa, wie die Dinge jetzt liegen, wird es wohl an uns beiden liegen, eine Würde der Literatur zu repräsentieren, die nicht verloren gehen darf.

Ich glaube, daß mit dem neuen Gesetzblatt (kennst Du den Wortlaut? Du mußt es Dir besorgen) eine neue Situation entstanden ist, und eine unglaubliche dazu: Der Begriff der Legalität ist liquidiert. Ich sehe ihn jedenfalls nicht mehr: man kann diesen Gesetzen zufolge jeden Bürger der DDR zu jeder Zeit zu jeder beliebigen Strafe bis 12 Jahren Zuchthaus verurteilen, und zwar für Dinge, die jeder tut. Der Begriff des Legalen ist absurd geworden.

Diese kleine Zeitschrift, die ich Dir mitschicke, die mausert sich zu einem höchst interessanten Ding. – Schade, daß die nur 2mal im Jahr kommt und nicht mehr als 100 Leser hat, aber immerhin, auch das ist was.

Mein Brief an Dich wird immer länger (im Kopf).

Bis zum 12. 8. denn, wenns recht ist, grüß den Gerhard ganz herzlich. – Es ist ganz still draußen.

Franz

52 FRANZ FÜHMANN AN CHRISTA WOLF

MB

24. 7. 79

Christa,

ich schreib Dir doch noch einmal, weil ich natürlich großen Wert darauf lege, Deine Fragen zu beantworten: Nein, ich hab nicht nur nicht in einem Gespräch nach dem Brief ans Präsidium (mit Herrn Löffler) meine Missetat eingesehen, sondern ausdrücklich am Schluß, in einer Art Resümé gesagt, daß ich zu meinen Kollegen stehe und ihren Ausschluß für verhängnisvoll halte (andrerseits habe ich auch nie ein Hehl daraus gemacht, daß ich ihren Brief nicht für klug halte, aber das ist was Anderes.)

Ich komm dann also am 12. 8. – Der Claus Träger ist einer der gescheitesten & korruptesten Herrn der Wissenschaft, die ich so kenne, der Bursche ist von sagenhafter Skrupellosigkeit und zugleich sagenhafter Dreistigkeit, er wird, käme jetzt eine Wende à la 1972, der erste sein, der schon immer gegen Maßregelungen eingetreten*. – Dabei ist er wirklich gescheit und kann was, es ist ein Jammer. Bring bloß den Artikel mit, ich hab zu dem Herrn ein bestimmtes Privatverhältnis, und ich werd auf das Ding reagieren.

Die Träume in dem Heft sind uralt, ich probiere da schon Jahrzehnte herum; seit einiger Zeit, vielleicht so 10 Monaten, träum ich auch wieder Grauenvolles, z. Bsp: Ich bin in einem Mittelding zwischen Kgf-Lager und Wehrmachtskaserne, eine Riesenstadtkaserne mit Straßen und Plätzen, soll entlassen werden, aber das Entlassungsbüro liegt in einem KZ, von dessen Existenz zwar jeder weiß, das aber keiner näher kennt, es weiß außer den Eingeweihten auch keiner, wo das Ding liegt. – Ich soll dahin, mit 2 andern, die sofort aufbrechen; ich hab noch was zu erledigen, will dann nachkommen, weiß aber nicht wohin ich muß; frage; werde daraufhin wie ein Aussätziger angeschaut (Meine Frage: Leute, ich muß ins KZ, wie komm ich da hin?); die Zeit geht hin; der Tag zur Neige; ich entdecke immer mehr unbekannte (und grauenvolle) Orte und Distrikte dieser Kasernenstadt, aber keines ist noch das KZ; ich weiß auch, wenn ich bis zum Abend nicht hinfinde, werde ich nicht nur nicht entlassen, sondern komme dann tatsächlich dort rein, aber dann als Häftling – ich wach dann immer mit rasendem Herzklopfen und Angst auf, was mir in meinem Leben kaum dreimal passiert ist; nehms dann allerdings als Material für mein Bergwerk-Buch, das werden Unterwelten! – Es gibt noch viel schlimmere Träume, dann bin ich nämlich dort, wonach ich in dem erzählten Traum nur gesucht hab, aber nicht als Häftling, sondern als Berichterstatter und krieg's erklärt, meist in rühmender Weise, wie perfekt das sei, und wie erzieherisch; manchmal stehn dann Kinder drum rum und singen fröhliche, oder was sehr viel schlimmer ist, harmlose

Lieder. – So gehts zu. – Aber zum Rundfunk gehn wir doch hin.

Bis bald, grüß Gerhard, und das Baby

Franz

* und man wird ihn bewundern!

53 Franz Fühmann an Christa Wolf

Märk.-Buchholz
28. VIII. 79

Liebe Christa,

ich danke Dir für die Ermutigung wie für das Interview; ich hatte es schon vorher gelesen und freue mich, daß ich's mit Deinem Gruß habe. Ich finde, es ist die notwendige und einzig richtige Art, gegen den Wust von Dummheit + Vorurteil + Denkfaulheit + Schema + + + + → ∞ anzugehen. Man darf das diesen Burschen nicht mehr durchgehen lassen. Die werfen uns jetzt übrigens vor, daß wir »zum Fenster hinaus reden« und »längst erledigte Dinge wieder aufrühren«. Das hätten die gern – die Literatur und die, die sie machen, mit Füßen treten, dann weglaufen und verwundert/entrüstet sagen: Das ist doch *so* lange her! Übrigens finde ich es auch eine feine Methode, ein Interview zu machen, dort zu kneifen, und dann in einer »Nachbemerkung« sich selbst allein + ungeschoren das Wort zu geben! Der Teufel soll die holen!

Christa, machen wir das Notwendige, und kümmern wir uns sonst um *nichts*.

Händedruck
Franz

54 FRANZ FÜHMANN AN CHRISTA WOLF

[vor 14. 12. 79]

Christa, ich müßte mal ganz dringend mit Dir reden – bist Du mal in dem beschissenen Berlin, dann käm ich rein, oder fährst Du mal nach Süden, dann komm doch vorbei! – Deinen langen, langen Brief kriegst Du noch, aber wenn Du in nächster Zeit ein Treffen möglich siehst, schreib 1 Zeile,

   1 Gruß, und so

                                  Franz

55 FRANZ FÜHMANN AN CHRISTA UND GERHARD WOLF

14. 12. 79

Liebe Christa & lieber Gerhard,

hier ohne große Kommentare endlich die Abschrift von dem TRAKL-Ding; unkorrigiert, aber die Abschreiberin gilt als sehr zuverlässig.

Ich müßte nun zu allem 1 ellenlangen Brief schreiben, und bin der Christa dabei noch immer 1 ellenlangen schuldig, aber da sich der zweite immer mehr auswächst und mich von einer Verwirrung und die andre, einem Zweifel in den andren und schließlich in eine sich abzeichnende Gewißheit stürzt, daß das alles ja bloß Vorspiele sind –

da ich also den 2. Brief wahrscheinlich erst in Jahren zusammenkriegen werde (und damit auch das Gespräch, das ich so lang so hartnäckig vorgeschlagen habe, das im Rundfunk, das öffentliche, nun mir immer problematisch wird), da dies also so ist, nehme ich die Dialektik als willkommene Hilfe zu einer Negation der Negation der Negation und schreib beide ellenlangen nicht.

Nur dies: Es ist mir klar, daß ich das Ding überarbeiten muß und auch werde, will erst mal Abstand haben, dann in Ruhe weitersehn.

Also erst mal den Text so; ich bin vom 22. 12. – Anfang Neujahr in Berlin, und es wär schön, wenn wir uns da sehen könnten, oder laßt ihr euch in Neumeteln einschnein? Ich wünsch daher nichts; Weihnachten kann ich nicht leiden, und vor Neujahr – es wird über alle Maßen herrlich&vaterländisch werden – hoff ich euch zu sehen.

Solltet ihr jetzt nicht dazukommen, dies Ding zu lesen, gebt mirs bitte wieder, weil viel Interessierte.

Hoffentlich bis bald, es lebe der Ayatollah Choumeni und Konrad Paule Verner

herzlich euer Franz

Christa, bitte, wenn Du irgendwie dazukommst: Schreib der Karin Manke 1 Zeile, die freut sich in einer Stärke, die für sie jetzt existenznotwendig wird!

56 CHRISTA UND GERHARD WOLF AN FRANZ FÜHMANN

15. 1. 80

Lieber Franz,

dies soll nur ein kleiner Gruß sein, zum Zeichen, daß wir heute an Dich denken. Alles Gute (das sagt man so) für Dein neunundfünfzigstes Jahr.

Christa + Gerhard

57 FRANZ FÜHMANN AN CHRISTA WOLF

31. 1. [80] 23^{00}

O Christa, ich wollte Dich heute sehn, aber seit 1 Stde haben wir hier keinen Strom mehr, ist das wegen dieser Sendung, oder wegen Afghanistan, oder wüten die Lüfte, oder will der Äther einfach nicht mehr und sucht sich dafür die blödeste Zeit aus –

ich hab plötzlich das Gefühl einer Endzeit, die ungeheuer lang dauern kann. – Laßt uns irgendeinen Fasching machen!

Franz

58 FRANZ FÜHMANN AN CHRISTA UND GERHARD WOLF

8. II. 80

Liebe Wölfe,

ich wollte euch nur mitteilen, daß ich den Akademie-Vortrag abgesagt habe. Ihr habt Recht: Es geht doch nicht – d. h. es ginge vielleicht in geschliffenster Formulierung, aber dazu habe ich jetzt keine Kraft mehr; und dann: Wozu auch?

Herzlich Franz

59 CHRISTA WOLF AN FRANZ FÜHMANN

Bln. 15. 3. 80

Lieber Frantischek,

»Das Duell« wird mit gleicher Post durch ein Buch beantwortet, in dem »Kleiner Ausflug nach H.« steht, ebenfalls satirisch-besinnlich. Außerdem wird Dir in der nächsten Woche die Gerti Tetzner ein Manuskript über Bettina v. Arnim aus Meteln schicken. – Wir trinken nicht, erfinden auch nicht den Reißverschluß, jedoch: mutlos lassen wir uns auch nicht machen. – Dies ist eine Anweisung, Meister Franz.

Weißt Du überhaupt, daß wir in 3 Tagen nach Griechenland fahren? Für mindestens 4 Wochen. Privat. Unsere griechischen Freunde (aus Mecklenburg) sind noch da, also sehen wir etwas andres als normale Touristen. Ich freu mich drauf, gleichzeitig bin ich ganz müde. Können wir uns dann mal sehn? Mach Dein Bergwerk. Ich weiß augenblicklich nicht so recht.

Sei gegrüßt.
C.

60 CHRISTA UND GERHARD WOLF AN FRANZ FÜHMANN

Heraklion, Kreta, 31. 3. 80

Lieber Franz – Du großer Anhänger der Mythen – warum warst Du noch nicht hier und hast Dir angesehn, in welcher Sonne und an welchen Gestaden die alten Götter gargeschmort wurden? Und aus welchen früh-frühen Zutaten?

Wir sitzen an einem Sandstrand, tauchten auch mal kurz ins Wasser …

Sei gegrüßt.

Christa + Gerhard

61 FRANZ FÜHMANN AN CHRISTA UND GERHARD WOLF

15. V. 80

Liebe Christa, lieber Gerhard,

herzlichen Dank für eure griechische Karte, da muß ich mal mit euch reden, tät ja gern auch hin – und dann besonderen Dank fürs Manuskript. Bloß: ich bin jetzt 4 Wochen rumgezogen, und tu's nochmal 6 Wochen, kam + komme zu nichts, ab Ende Juni ist Ruhe, dann aber anhaltend.

Ich bereite meinen Vortrag in der Aka vor, indem ich mit jungen Leuten über Geschichte diskutiere und begreife erst jetzt voll, *wie* katastrophal die Stimmung + die Vertrauenskrise hierzulande sind. Und es wird unentwegt weitergemacht – mich schauderts. Manchmal hab ich so ein Gefühl, als wärs April 45. – ich weiß nicht was das werden soll.

Bis dann. – Seid glücklich. –

Immer Franz

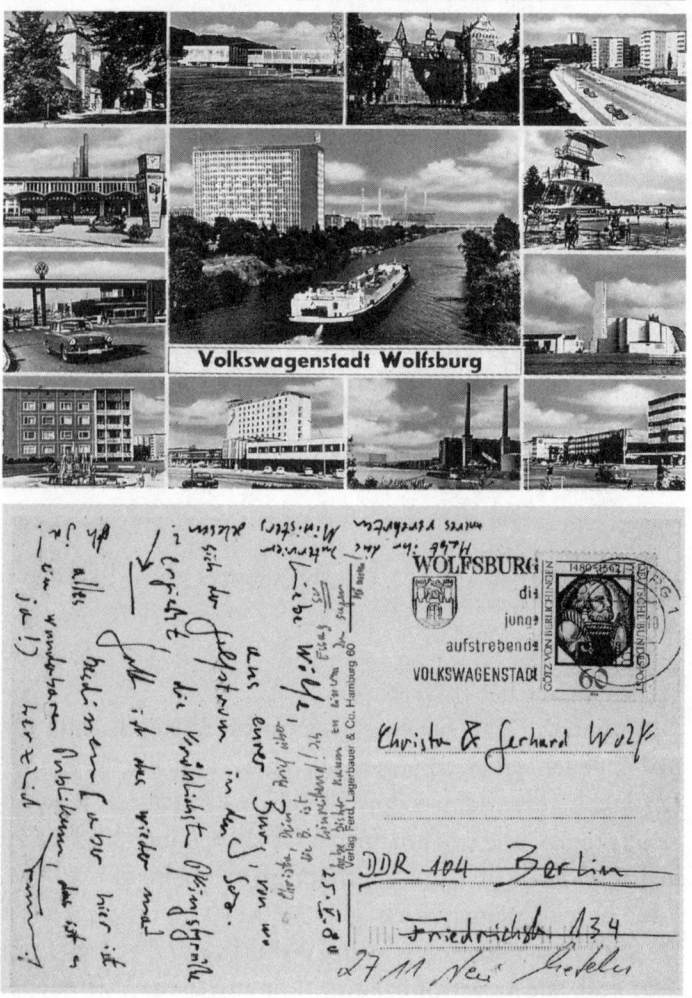

Volkswagenstadt Wolfsburg

62 FRANZ FÜHMANN AN CHRISTA UND GERHARD WOLF

25. V. 80

Liebe Wölfe,

aus eurer Burg, von wo sich der Golfstrom in den Soz. ergießt, die fröhlichsten Pfingstgrüße.

Habt ihr das Interview unseres verehrten Ministers gelesen? – Gott ist das wieder mal alles beschissen (aber hier ist ein wunderbares Publikum, das ist es ja!)

herzlich Franz

Christa, Dein Brief über die B. ist hinreißend! Ich habe bisher kaum zu einem Essay *so* Ja sagen können!

63 FRANZ FÜHMANN AN CHRISTA WOLF

29. VI. 80

Liebe Christa,

ich freu mich für Dich und uns alle! Das ist eine Wucht. Ich drück euch die Hand

Franz

64 CHRISTA WOLF AN FRANZ FÜHMANN

Meteln, 2. 7. 80

Lieber Fanz,

dank Dir für Gruß und Händedruck – ich kann, glaube ich, in dieser Angelegenheit, die nach außen so schön aussieht, Beistand und Zuspruch brauchen; denn eine Rede werd ich ja auch noch halten müssen, und überhaupt: Wie lange tanzt man ungestraft so auf dem Seil?

Deine Karten kamen aus so vieler Herren Länder, daß ich darin den Grund für Deine Ablehnung sehe, mit uns im September nach Dänemark zu reisen. Was ich sehr bedaure. Hermlin, de Bruyn, iche fahren, soweit ich weiß, (auch Wiens natürlich), auch Volker Braun, Gerti Tetzner. Schlecht ist die Reisegruppe nicht. Hast Du nicht doch noch Lust? Aber wenn Du Dich jetzt in Deinen Berg einspinnen mußt ...

Bei Sarah hörte ich, daß Du bei Klaus gewesen seist. Wieder einer. Man stumpft ein bißel ab.

Sei gegrüßt, auch von Gerd,
Deine Christa

65 FRANZ FÜHMANN AN KURT LÖFFLER

Abschrift für Christa + Gerhard.

20. 11. 80

An den
Staatssekretär im
Ministerium für Kultur
102 Berlin
Am Molkenmarkt 2-3

Sehr geehrter Herr Staatssekretär,
gestern, am 19. 11. 80 sind Frank Matthies und Lutz Rathenow festgenommen worden. Ich möchte jetzt nicht auf den Gesamtkomplex dessen eingehen, das mich seit Wochen verstört, das ich nicht mehr verstehe und das nicht nur meine Arbeitskraft verhängnisvoll zu lähmen beginnt. Ich möchte nur von einem Fall sprechen, der mich in besonderer Weise angeht, und das ist die Festnahme von Frank Matthies.
Frank ist eine Zeit lang mein Schüler gewesen; ich habe ihm den Weg zur Redaktion von SINN UND FORM finden geholfen, ich habe seine Gedichte öffentlich vorgelesen, habe über ihn geschrieben und habe ihn in der Weise literarisch beraten können, wie ein dreißig Jahre Älterer den Jüngeren mit seinen Erfahrungen eben helfen kann. Ich stehe zu Frank.

Ich weiß nicht, was man ihm konkret vorwirft, aber ich habe das staatsbürgerliche Recht wie die selbstverständliche menschliche Pflicht, bis zum Beweis einer Schuld an seine Integerheit zu glauben und darüber hinaus mich zu einer Bindung zu bekennen, die sich von einer gußeisernen dadurch unterscheidet, daß sie nicht bei dem ersten Schlag in Stücke springt.

Verehrter Herr Staatssekretär, lieber Herr Löffler, wir beide haben uns in den letzten Jahren in einer fruchtbaren Zusammenarbeit kennen – und ich darf das zumindest von mir aus sagen: schätzen gelernt: ich Sie als einen Mann, der ein offenes Ohr hat und sich persönlich dort engagiert, wo es schwierig wird und der sich dort in die Sielen spannt, wo man verfahrene Karren wieder auf den rechten Weg bringt; und Sie wieder werden mich als jemand kennen, der Phrasen nicht mag und Provokationen verabscheut. Wir haben es alle schon schwer genug. Ich bitte Sie daher, mir zu glauben, daß mich die Entwicklung um Frank Matthies in einem existenzhaften Sinn angeht. Ich weiß, daß dieser Fall nicht in Ihre Kompetenz fällt, doch ich glaube, Sie sollten das wissen. Und ich bitte Sie um einen Rat.

Ich weiß nicht, ob Frank in Untersuchungshaft bleiben wird, aber wenn das der Fall sein sollte, möchte ich alles mir Mögliche tun, zu einer raschen Aufklärung beizutragen, wozu auch gehört, Klarheit über die Persönlichkeit des Festgenommenen zu gewinnen. Bitte sagen Sie mir, an wen ich mich wenden kann, um für Frank Matthies zu sprechen, der – was immer man ihm zur Last legt – einer der begabtesten Dichter unserer Republik ist und bleibt. Ich habe mich über die Schwierigkeiten dieser seiner Dichtergeneration öffentlich geäußert, ich möchte es auch gegenüber den Führern der Untersuchung oder wennmöglich auch an höherer Stelle tun können. Ich möchte es hierzulande tun können, und an der richtigen, der kompetenten, der Verantwortung tragenden

Stelle. Ich möchte auch um eine Belehrung bitten, was ich tun muß, um Frank schreiben zu können, ihn zu besuchen, ihm Pakete zu schicken, ihm Nachdichtungsarbeit zu vermitteln und Ähnliches mehr. Und wenn es zu einem Prozeß kommen sollte, bitte ich jetzt schon darum, dort als Zeuge für Frank auftreten zu können.

Lieber Herr Löffler, ich weiß, was Sie jetzt alles auf dem Hals haben. Dennoch bitte ich Sie, mir möglichst bald eine Gelegenheit zu geben, mit Ihnen über diesen Fall sprechen zu können, der, ich wiederhole es, mich in meiner ganzen Person trifft und mit meiner ganzen Person angeht.

Ich bin mit dem Ausdruck aufrichtiger Verbundenheit

Ihr
F.

66 CHRISTA WOLF AN ERICH HONECKER

Berlin, den 23. November 80

An den
Generalsekretär der SED
und
Vorsitzenden des Staatsrates der DDR
Genossen Erich Honecker
102 Berlin
Haus des Zentralkomitees der SED

Sehr geehrter Genosse Honecker,
wie Du weißt, habe ich mich bisher nur in Fällen, die ich sehr dringlich finde, an Dich gewendet. Ein solcher Fall scheint mir durch die Verhaftung der drei jungen Schriftsteller Thomas Erwin, Lutz Rathenow und Frank-Wolf Mathies gegeben. Persönlich kenne ich sie wenig oder gar nicht, aber

ich habe Arbeiten von ihnen gelesen, aus denen ihr literarisches Talent klar hervorgeht. Dieses Talent kann zusammen mit der Person im Gefängnis schwer geschädigt werden. Mein Brief an Dich ist ein Versuch, das zu verhindern.

Ich will es mir hier versagen, meine Erfahrungen und Überlegungen zu den extremen Schwierigkeiten darzulegen, mit denen sich diese junge Generation, wenn sie anfängt zu schreiben, konfrontiert sieht und auf die sie in unterschiedlicher Weise reagiert. Ich argumentiere nicht juristisch. Mir stellt sich immer wieder die Frage, ob einem sozialistischen Staatswesen nicht andere Mittel gegeben sind, sich mit seinen jungen kritischen Köpfen auseinanderzusetzen, als die, sie zu kriminalisieren. Geradezu für verhängnisvoll würde ich es ansehen, wenn hier ein Präzedenzfall entstünde und die Paragraphen des Dritten Strafrechtsänderungsgesetzes vom Juni 1979 auf diese jungen Leute angewendet würden – wie ich es im Fall von Thomas Erwin gehört habe.

Lieber Genosse Honecker, ich bitte Dich darum, all Deinen Einfluß geltend zu machen, daß es nicht zu Prozessen gegen die drei jungen Kollegen kommt, deren Auswirkung nicht nur für die direkt Betroffenen, sondern für das gesamte gesellschaftliche Klima in der DDR unabsehbar wäre.

Durch den Weggang von bisher zwölf Autoren aus meiner und der nächstfolgenden Generation – darunter bedeutende Schriftsteller – haben diejenigen, die sich entschieden hatten, in der DDR zu leben und zu arbeiten, eine umso stärkere Verantwortung für den Bestand dieser Literatur, also auch und gerade für ihre jüngeren Kollegen auf sich genommen. Die Bedrückung durch Vorgänge wie die Verhaftung dieser drei hat einen Grad erreicht, der meine – und nicht nur meine – Arbeitsfähigkeit stark einschränkt. Seit Tagen geht mir ein Wort von Käthe Kollwitz durch den Kopf, das sie in anderem Zusammenhang oft aussprach: Saatfrüchte dürfen nicht vermahlen werden.

*Ich wüßte nicht, womit ich meiner Bitte mehr Eindring-
lichkeit verleihen könnte.*

Mit sozialistischem Gruß

67 FRANZ FÜHMANN AN CHRISTA UND GERHARD WOLF

1. I. 81

Leute, das wird ein Jahr & Jahrzehnt – nun denn! Leute,
wird das beschissen werden!

In diesem Sinn,
Händedruck
Franz

68 FRANZ FÜHMANN AN KONRAD WOLF

ÜBERS NIEDERTRÄCHTIGE
NIEMAND SICH BEKLAGE;
DENN ES IST DAS MÄCHTIGE,
WAS MAN DIR AUCH SAGE:

J. W. v. Goethe

27. 12. 81

Lieber Konrad Wolf,
  *hier wäre denn der Brief an Sie, das Vorwort zu jener An-
thologie. Leider muß ich sagen, daß die Repressionen in dieser Sache wachsen; um so wichtiger, daß eine Klarstellung erfolgt.*
  *Darf ich Sie bitten, eine Ablichtung des Briefes dorthin
weiterzugeben, woher einst die ersten Warnungen kamen?
Ich habe eine Abschrift an Stephan Hermlin gegeben, eine an
Uwe Kolbe & Sascha Anderson, eine an den Staatssekretär
Kurt Löffler, mit der Bitte um Unterrichtung des Ministers.*

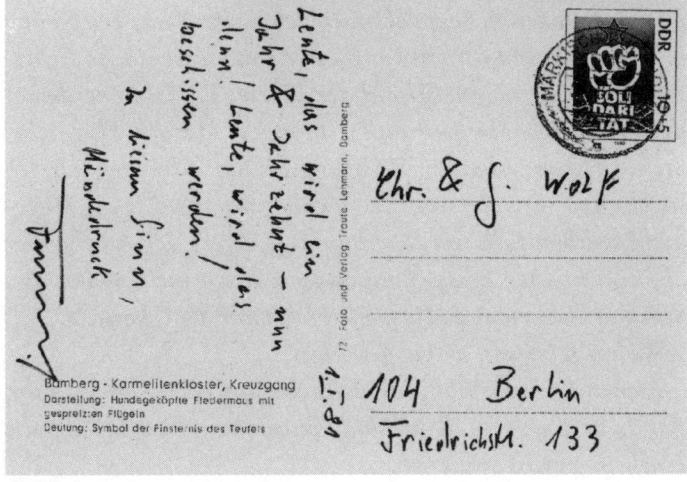

Leute, das wird ein Jahr & Jahr zehnt — nun denn! Leute, wird das beschissen werden!

In keinem Sinn, Mindeldruck

72 Foto und Verlag Trante Lemann, Bamberg

Chr. & G. Wolf

Bamberg · Karmelitenkloster, Kreuzgang
Darstellung: Hundeköpfte Fledermaus mit
gespreizten Flügeln
Deutung: Symbol der Finsternis des Teufels

1.1.81

104 Berlin

Friedrichstr. 133

Die Schilderung der beiden Gespräche stammt natürlich aus meiner Erinnerung und unter meinen Aspekten. Sollten Sie der Meinung sein, daß ich etwas Wesentliches nicht oder unrichtig gesagt oder dargestellt habe, so bitte ich Sie, eine entsprechende Korrektur von Ihrer Seite aus beizufügen. Da dieser Brief ja meinen Standpunkt wiedergibt, schien mir eine vorherige Abstimmung zwischen uns nicht notwendig.

Einer der Autoren dieser Anthologie, Dieter Eue, muß das Land verlassen; eine andere, Christa Moog, eine der begabtesten (ich kenne großartige stories von ihr) hat den Ausreiseantrag gestellt. Lieber Konrad Wolf, ich schreib jetzt einmal ein paar Namen und Buchtitel auf: Wolf Biermann; Sarah Kirsch; Thomas Brasch; Günter Kunert; Jurek Becker (Schlaflose Tage; Erzählungen); Hans Joachim Schädlich (Versuchte Nähe); Kurt Bartsch; Frank Matthies; Klaus Schlesinger (»Leben im Winter«); Karl-Heinz Jakobs; Erich Loest; Klaus Poche – sie leben nicht mehr bei uns, und werden auch nicht mehr zurückkommen; Bettina Wegener geht; um Reiner Kunze & Joachim Seyppel traure ich nicht. Nicht erschienen in der DDR sind – ich nenne da nur ganz wesentliche Arbeiten: Gert Neumann: Schuld der Worte; Elf Uhr (verdiente den Heinrich-Mann-Preis!!); Monika Maron: Flugasche; Stefan Heym: Ahasver; Wolfgang Hilbig: Abwesenheit; ich breche ab. – Die Romane des hochbegabten Wolfgang Hegewald werden Jahr um Jahr hinausgezögert. Ich breche hier ab; von meiner Essay-Sammlung will ich nicht reden. Bei Stücken, Filmen und Hörspielen fehlt mir die Übersicht.

Wohin gehn wir; wohin geht das?

Lieber Konrad Wolf, ich wünsche uns allen für das Jahr, das da heraufgraut, Kraft und Gesundheit, und daß wir die Hoffnung nicht verlieren,

herzlich ergeben immer Ihr Franz Fühmann

[Anlage:] FRANZ FÜHMANN AN KONRAD WOLF

28. 12. 81

Lieber Konrad Wolf,

ich schicke Ihnen heute in Gestalt dieses Briefes ein Vorwort zu jener »Anthologie junger Dichter der DDR«, die als Entwurf für ein »Arbeitsheft der Akademie der Künste« dienen sollte. Daß ich Ihnen dieses Vorwort erst nachreiche ist nicht so sehr ein Versäumnis –: ich hatte, als ich Ihnen und Günter Rücker je ein Exemplar dieser Anthologie übergab, nicht die Notwendigkeit gesehen, etwas zu erläutern, das wir ja kannten, nämlich die Entstehungsgeschichte wie die Besonderheit dieser Anthologie. Indes haben sich jedoch so viele Mißverständnisse um diese Arbeit gehäuft, daß ich die schlimmsten davon aufklären möchte.

Ich erinnere also die Entstehung. – Es sind nun etwa anderthalb Jahre her, da machten wir beide uns Gedanken, was wir für jene begabten Schriftsteller der jungen und mittleren Generation tun könnten, deren Arbeiten bei uns, aus Mangel an geeigneten Publikationsorganen, auf Veröffentlichungsschwierigkeiten stießen. Ich nannte Ihnen einige Namen, Sie kannten kaum einen davon und äußerten ihr Interesse, nähere Kenntnisse zu gewinnen, und schließlich machten sie den Vorschlag, ein »Arbeitsheft der Akademie der Künste« zu nutzen, diesen Autorenkreis vorzustellen. Ich fand Ihren Vorschlag ausgezeichnet und bat zwei junge Dichter zu mir, Uwe Kolbe aus Berlin und Sascha Anderson aus Dresden, zwei außergewöhnlich begabte Vertreter der jungen Generation, die aber in ihrer Poetologie und Praxis des Schaffens einander diametral entgegengesetzt sind. Ich erläuterte ihnen unsre Gedanken und bat sie, die zur Mitarbeit sofort Bereiten, zunächst einmal das Material heranzuschaffen, um uns dreien (U. K., S. A. und F. F.) einen Überblick über die tatsächlich vorhandenen Kräfte der Generation von etwa 1958 bis 1940 zu geben. Die oberste Altersgrenze wurde mit

119

ungefähr vierzig Jahren, also etwa bei Wolfgang Hilbig, angesetzt. Auswahlkriterien waren literarische Qualität sowie der Umstand, in der DDR bislang gar nicht oder unrepräsentativ wenig publiziert worden zu sein, ein Umstand, der indes für zwei der Vertretenen, Uwe Kolbe selbst, und Uta Mauersberger, nicht mehr gilt. Diese Sammlung war also von vornherein – und hier gründet das wesentlichste der Mißverständnisse – gar nicht als Repräsentation der jungen Literatur der DDR geplant; sie sollte nicht die Auswahl gültiger Literatur sein, sondern eine Übersicht über die bislang gar nicht oder zu wenig Publizierten ermöglichen. Sie war also, diese Anthologie, von Anfang an notwendigerweise einseitig, und man darf ihr nicht als Ziel unterstellen, was Gegegebenheit der Voraussetzung war.

Wir drei waren uns ferner darüber einig, daß eine solche Anthologie von Vertretern der Generation selbst erarbeitet werden müsse, die sie umfaßte, also nicht von einem Älteren, gar erheblich Älteren wie etwa von mir. Es gehört ja zu meiner Erfahrung, daß mir als Mitglied des Redaktionsbeirates von SINN UND FORM oft Gedichte zugeschickt wurden, hauptsächlich solche experimentellen Charakters, die weder von überragender Begabung noch von eklatanter Unbegabtheit zeugten und mich mehr oder weniger unbeteiligt ließen, in welchem Unbeteiligtsein jedoch immer eine Frage mitschwang, ob sie, diese Gedichte, nicht etwas enthielten, das mir entging und vielleicht für die Angehörigen der Generation der Verfasser von Wichtigkeit war. Man trifft ja in der Literaturgeschichte immer wieder auf generationsbedingte Fehleinschätzungen; ich fühlte mich also nicht kompetent, war unsicher und zog zur endgültigen Beurteilung Berater aus der Generation heran, der jene Dichter angehörten, die mich in solche Zweifel stürzten. – Es gibt zumindest einen Fall, wo es mir mein Berater ermöglicht hat, ein grobes Fehlurteil zu korrigieren, das war bei den Arbeiten Dieter Schulzes.

Die Herausgeber der Anthologie sollten also selbstständig entscheiden, wen sie von ihren Generationsgefährten für wesentlich hielten (wie gesagt: immer unter dem Gesichtspunkt des zu wenig öffentlichen Bekanntseins); sie machten sich beide sofort an die Arbeit und präsentierten mir schließlich einen Berg von Manuskripten, Arbeiten von etwa 30 Autoren, die mir in der Mehrzahl unbekannt gewesen waren und die endlich kennen und beurteilen zu lernen ich für einen enormen Gewinn halte. Die Begabung dieser Autoren ist gewiß unterschiedlich; ihr Schaffen umfaßt alle Genres und die verschiedensten poetologischen Richtungen – von dem, was man kritischen Realismus nennen könnte bis zur ausgesprochen experimentellen, linguistisch akzentuierten Poesie.

Nun war ein Überblick vorhanden, neue Namen traten hinzu, wie etwa die hochbegabte Eisenacherin Christa Moog, und aus dem Vorhandenen wurde nun von den Herausgebern ausgewählt, wobei ich sie nur um Eines bat: Die einzelnen Dichter zwar durch repräsentative Texte vertreten sein zu lassen, jedoch es nicht darauf anzulegen, zu provozieren, und im Zweifelsfall jene Arbeit zu wählen, die als kleinster Stein möglichen Anstoßes erschien. Daß die Arbeiten Anstoß erregen könnten und würden, war uns klar – das eben war ja gerade der Grund, der diesen Autoren den Weg in die Öffentlichkeit bislang verengte oder völlig zuschloß –: Es waren Texte, die Unbefriedigtsein am Zustand der Gesellschaft artikulierten, die Kritik, auch Unmut, ja auch Mißmut bezeugten, die peinigende Fragen aufwarfen, die Unangenehmes konstatierten, die der Idylle entschieden abhold, der Selbstzufriedenheit unzuträglich und dem Wunschdenken nicht förderlich waren, kurzum, die eben das leisteten, was ihrem Wesen nach Funktion der Literatur auch ist, nicht ausschließlich, doch zumindest auch. Daß hier Ausschließlichkeit erschien, liegt an dem Umstand der begrenzten Auswahl, auf den ich schon eingegangen bin.

Ich bescheinige beiden Herausgebern, daß sie ihre Auswahl mit Umsicht und hohem Verantwortungsbewußtsein getroffen haben. Es wurden insgesamt vier Exemplare dieser Anthologie hergestellt, je eines blieb bei den Herausgebern, eine ist bei mir (die gab ich Ihnen weiter), und eine war für G. Rücker, als mögliche Arbeitsgrundlage für das geplante Arbeitsheft gedacht.

Nach dem Günter Rücker sich mit den Texten vertraut gemacht hatte, kam es zu einer Zusammenkunft zwischen uns vieren (G. R., F. F., U. K. und S. A.), in der Günter Rücker etwa folgende Position vertrat: Er könne persönlich mit der Masse des in der Anthologie Enthaltenen wenig oder gar nichts anfangen; einiges halte er für unvertretbar, einiges allerdings beeindrucke ihn auch. Insgesamt halte er es für ausgeschlossen, daß die Sektion Literatur der Akademie der Künste, die einzig als Herausgeber des Arbeitsheftes fungieren könne (was von vornherein durchaus nicht so klar war; ich hatte eine Herausgeberschaft durch den Präsidenten der Akademie, den Sekretär der Sektion Literatur sowie mich für möglich gehalten) – er halte es also für ausgeschlossen, daß die Sektion Literatur per Mehrheitsbeschluß die Gesamtheit der Anthologie billigen könne; er, G. R., schlage daher vor, einzelne der in der Sammlung enthaltenen Dichter gesondert und verschiedenen Orts vorzustellen, etwa im Rahmen von SINN UND FORM. – Der Auffassung Rückers, daß die Mehrheit der Sektion Literatur diese Anthologie ablehnen werde, trat ich bei; ich erinnerte mich an qualvoll lange und qualvoll ergebnislose Debatten; dem Vorschlag Rückers, einzelne Dichter herauszugreifen und die Anthologie als Anthologie aufzugeben, hielten die Herausgeber wie auch ich nicht für akzeptabel, und zwar aus dem Grund, daß dies Bemühen um Einzelvorstellungen ja durchaus geschah und weiter geschieht: Jeder der in der Anthologie Vertretenen hat Manuskripte den Verlagen oder literarischen Zeitschriften der DDR angeboten und tut dies weiter, wenn zumeist auch vergebens, einige der Schicksale solchen Bemühens, wie etwa das um die Herausgabe der Prosasammlung »Die Schuld der Worte« von Gert Neumann oder der Romanmanuskripte Wolfgang Hegewalds sind mir gut bekannt; die Prozeduren sschleppen sich beinah schon ein Jahrzehnt hin.

An dieser Stelle sei auf das zweite gravierende Mißverständnis hingewiesen, das der Gruppierung. Die in der Anthologie vertretenen Dichter kannten – und kennen sich – zum Teil nicht persönlich, sie wußten manchmal auch dann nichts voneinander, wenn sie in der selben Stadt wohnten; auch ich kenne einen Teil von ihnen noch nicht von Gesicht zu Gesicht. Daß sie im Prozeß des Werdens dieser Anthologie untereinander bekannter wurden, ist nur natürlich; ich sehe darin nicht den mindesten Grund zur Beunruhigung. Diese Dichter bilden keine Grupe; die Problematik ihrer Arbeiten wächst aus der unsres Lebens, das Quälende und Beunruhigende ihrer Fragen stammt von dort, aus der Realität, nicht aus irgend einem bösen Willen, und es ist, dies Quälende, nicht durch literaturpolitische Restriktionen aus der Welt zu schaffen, sondern einzig durch Veränderungen im gesellschaftlichen Leben, wozu eben diese Dichtungen ihren unersetzbaren Beitrag leisten könnten. Die Gemeinsamkeit der in der Anthologie Vertretenen ist also ihre Existenz in der DDR, ihre Erfahrung, ihre Begabung und ihre mangelnde Gelegenheit zur Publikation, und aus diesen Gründen dann ihr Zusammengeführtsein in dieser Anthologie. In deren Rahmen allerdings fühlen sie sich zusammengehörend, und Ausdruck davon ist ein Brief, den einige von ihnen an den Minister für Kultur geschrieben haben.

Ich kehre wieder zum Ablauf des Geschehens zurück. – Nach dem Gespräch mit G. Rücker übergab ich Ihnen mein Exemplar der Anthologie; Günter Rücker schickte mir das seine auf meinen Wunsch hin dann später zurück. – Unsere

123

Unterredung, Konrad Wolf, stand schon im Schatten aufge-
kommener Mißverständnisse; es gab schon Gerüchte, ja es gab
schon Repressionen, und Sie sprachen mit Sorge davon. Im
Wesentlichen schlossen Sie sich der Meinung Rückers an; auch
Sie hielten die Anthologie in ihrer konkreten Gestalt für nicht
annehmbar und verwiesen auf eine mögliche Zusammenar-
beit mit dem Institut für Literatur in Leipzig; im Übrigen wa-
ren auch Sie der Meinung, daß man individuell verfahren,
und einige der Autoren, die Sie schätzen gelernt hätten, etwa
in SINN UND FORM vorstellen solle, was ja indes etwa bei
Detlef Opitz geschehen ist. Mit diesem unserem Gespräch war
die Möglichkeit der Herausgabe eines Arbeitsheftes vorerst
erledigt, und Sie gaben mir Ihr Exemplar zurück.

Abschließend sind wir übereingekommen, daß ich Ihnen
diesen Brief als eine Art Vorwort zu der Anthologie schreibe,
um die gröbsten Mißverständnisse aus der Welt zu schaffen.
Ich wiederhole zusammenfassend: Diese Anthologie kam als
der Entwurf, der sie ist, auf Grund unserer Überlegungen,
als Gedanke zweier Mitglieder der Akademie der Künste,
zustande; sie war von vornherein nicht als Repräsentation
der jungen Literatur der DDR, sondern als Vorstellung der
bislang zu wenig oder gar nicht Veröffentlichten gedacht; sie
wurde für ein Arbeitsheft der Akademie zusammengetra-
gen, hatte also experimentellen, möglicherweise auch exklu-
siven Charakter, und sie befand sich noch ganz im Stadium
des Entstehens, als jene Mißverständnisse auftraten.

Unterdessen sind es ja nicht nur Mißverständnisse geblie-
ben. Es gibt Verdächtigungen böser Natur, es gibt Verwar-
nungen und Warnungen etwa der Art, »der Dissidenten-
Sammlung Franz Fühmanns« (wörtlich) beizutreten. – Nun
könnte ich für meine Person derartige – bleiben wir bei dem
Wort »Mißverständnisse« – gelassen ertragen, wiewohl ich
deren Auswirkungen mittlerweilen direkt spüre; ich habe
Kraft und Erfahrung, mich zu wehren und werde dies mit

den geeigneten Mitteln auch tun. Allein mir geht es um die jüngeren Kollegen; sie sind in Bedrängnis, einige in Not. Es hat sich nun einmal so ergeben, daß diese Anthologie, nachdem die Akademie sie abgewiesen, nur noch mit meiner Person und meinem Namen verbunden ist – gut denn; ich nehme mich ihrer an. Sie ist, auf die geschilderte Art, letztlich durch mich zustande gekommen; und wenn ich mich auch nicht mit jedem Text voll identifiziere, stehe ich doch in ihrer Gesamtheit zu ihr. Ich will jetzt keine Polemik beginnen, mir geht es um Klarstellung und Klärung, und dieser Brief soll ein Beitrag dazu sein.

Einer der in dieser Anthologie Vertretenen, Dieter Eue, wird die DDR in wenigen Tagen verlassen. Ich bedaure sein Fortgehn; es ist ein Verlust. Natürlich, um dies zum Abschluß zu sagen, verkenne ich die Möglichkeit unserer Staatsmacht nicht, Stimmen, die sie als störend oder als Ärgernisse bereitend empfindet, weiter dem öffentlichen Bewußtsein unseres Landes und seines Publikums fernzuhalten, nur sehe ich dabei den Schaden einen auch nur denkbaren Nutzen weit übersteigen. Ich möchte aber andererseits meinen Glauben an eine mögliche Bereitschaft meines Staates nicht aufgeben, sich kritischer Literatur auch dann nicht zu versagen, wenn diese Kritik wehtut und Ärgernis schafft. – Noch einmal: die Probleme entstammen dem Leben. – Alle die in dieser Anthologie Vertretenen sind begabte Dichter, und das heißt noch allemal: Es sind Hoffnungen und Kräfte. Sie sollten schöpferisch wirken können, anstatt in Verbitterung zu stürzen. Ich gebe meine Hoffnung nicht auf, daß diese Dichter, so wie sie sind und mit dem was sie schreiben (also nicht so, wie mancher sie gerne hätte, nämlich als xte Wiederholung von bereits zur Genüge Vorhandenem) – ich gebe meine Hoffnung nicht auf, daß sie ihren Platz in unserer Literatur finden, und ich werde weiterhin meine Kraft anstrengen, daß dies geschehe.

(Franz Fühmann)

69 FRANZ FÜHMANN AN CHRISTA WOLF

> ÜBERS NIEDERTRÄCHTIGE
> NIEMAND SICH BEKLAGE;
> DENN ES IST DAS MÄCHTIGE,
> WAS MAN DIR AUCH SAGE.
>
> J. W. v. Goethe

29. 4. 82

Liebe Christa,

danke; nein, so ist es nicht, Stoff hab ich mehr als ich je werde schreiben können, könnte allein schon mit den Kinderbücherplänen den Rest meines Lebens verbringen, nein, das nicht – aber immer mehr dieses Gefühl der Lähmung, dieses Objekt-Seins, der Hilflosigkeit, der gebundenen Hände, und nicht nur, was mich betrifft, ich erfahre immer mehr unglaubliche Dinge aus diesem Demokratischen Staat, wie man den Leuten ins Gesicht schlägt, es ist alles *soooo* zum Speien; Schluß.

Nach Scheveningen werde ich nicht fahren, trotz allem, schreibe heute noch Stephan einen Brief, hoffentlich nimmt ers nicht als persönliche Beleidigung. Was soll ich sagen außer dem Gesagten? Ich hab was Kleines geschrieben, es hatte in Brandenburg Première, am gleichen Tag, als das Wehrgesetz erschien, wie der Zufall so spielt. [Hs.:] Lege es bei.

Ich freu mich auf Deine Vorlesungen, die werden doch gedruckt, gelle, wohl hier nicht, aber dort – nein, ich fang nicht mehr zu jammern an. Es kommt ja auch meine Freud-Auswahl raus, stell Dir vor, *der* Mut, immerhin erst knapp vierzig Jahre nach seinem Tod. Da ist ja auch Mythos genug drin. Ich hab jetzt gelesen, was Hans Kaufmann über/gegen mich geschrieben hat, im »Versuch über das Erbe«, in einigen sachlichen Punkten hat er wohl Recht und habe ich [nicht] recht, aber im Wesentlichen weicht er bewußt aus, es ist manchmal peinlich. Na ja, muß sich halt auch seine Brötchen verdienen. – Gestern hab ich im Nachbardorf gelesen, in Neu-Lübbenau, die 3 nackten Männer, das war schon sehr komisch, die Diskussion hinterher ging dann ernsthaft um die Sauna, ob man auf den unteren Bänken besser sitze als oben, oder daß es im Kaltwasserbecken kalt sei, dann hab ich ein bißchen gesagt, worum es mir ging, da schloß der Leiter eilig die Versammlung, und die Leute klatschten wie irre – und nun frag ich mich (es sind Leute vom Land, mit geringen Leseerfahrungen) –: Haben die anfangs tatsächlich nicht mitgekriegt, worum es mir ging, oder taten sie nur so? Ich glaube beinahe das Erste.

Christa, wenn Du in die Mythologie sinkst, dann begegnest du sicher dem Prinzen Hyppolitos, der hat sein Leben der Artemis geweiht, dieser schrecklichen Jungfrau, der Jägerin, und hat darüber Aphrodite zu dienen versäumt, und die rächt sich nun, und wie sie sich rächt, das schildert olle Euripides, jedenfalls liegt am Schluß Hyppolitos im Sterben, und nun hat er nur einen Wunsch: Die, der er sein Leben geweiht, seine Göttin, Artemis, die leichtfüßige Schweiferin, möge ihm in der Sterbestunde sich zeigen, und das tut sie auch, aber um zu sagen: I gitt, du stirbst ja, das ist nichts für mich, schon der Anblick von so einem verunreinigt mich; und sie haut ab. Irgendwie gehts einem mit dieser Scheiß-Literatur so. Man kriegt Briefe, was man da geleistet habe (so wie sich um den Hyppolit das erlegte Wild häuft), aber das ist alles Papier für Papier, und die Göttin erscheint nicht, und täte sie's, sagte sie sicherlich auch: »I gitt«

Na ja.

Ich schreib jetzt alles so Zeug, was ich nicht mehr mag, ein Nachwort zu Tiecks späten Novellen (»Eigensinn & Laune« müßtest Du kennen!! Das ist was!!!), und für diesen Marquardt zu seiner Bibel-Ausgabe; dann aber will ich endlich, endlich das machen, was ich seit zehn Jahren ansteure, das Bergwerk.

Grad krieg ich ein Telegramm, daß der Trakl (Hinstorff) da ist, die Belege sind in Berlin, wie ich dort bin, schick ichs euch.

Grüße ringsum,
leb wohl, Christa
Franz

70 CHRISTA WOLF AN FRANZ FÜHMANN

Neu Meteln, d. 13. 6. 82

Lieber Franz,

Dein Brief, den ich vorvorgestern hier fand, ist vom 29. April, er erreichte mich nicht mehr, ehe ich nach Frankfurt losfuhr; dort kam ich in einen Strudel von Menschenmassen, aus dem ich jetzt langsam auftauche. Ich muß jetzt meine Vorlesungen überarbeiten, die Kassandra-Geschichte fertigmachen, diesmal werde ich nicht darauf warten (können), daß der AufbauVerlag das irgendwann in ein, zwei Jahren mal bringt. Dein Trakl-Buch stand die ganze Zeit über auf der Kritiker-Bestenliste obenan, zusammen mit Sarahs neuem Gedichtbuch »Erdreich« – weißt Du das? Auch die Theaterscene wird eigentlich von Leuten aus der DDR beherrscht, die man hier ausgebildet, mit soliden gesellschaftlichen und fachlichen Begriffen und Träumen ausgerüstet hat und dann nicht arbeiten ließ (läßt). Ich muß doch staunen über die Utopie-Strahlkraft des kleinen Ländchens, in dem wir wohnen, und das nun mit aller Gewalt gegen die Utopie losdrischt, besonders gegen die von der Gewaltlosigkeit. Ja, auch ich kriege Briefe, in denen unglaubliche Vorgänge beschrieben werden, und ich sehe doch, daß ich dazu nicht schweigen sollte. Übrigens haben wir uns in Den Haag – wo ich wegen der Vorlesungen in Frankfurt nur einen Vormittag teilnehmen konnte – ja unterschriftlich verpflichtet, »den Menschen, die wegen ihres Eintretens für den Frieden verfolgt werden, nach bester Kraft zu helfen«. Ablichtung der Resolution dabei. Diesen Text häng ich mir an meine Zimmertüre. Günter de Bruyn hat dort klug und mutig gesprochen [...] Zu der großen INTERLIT-Show nach Köln fahre ich nicht: Sie ist schon am 16. Juni, ich bin noch erledigt von den 4 Wochen drüben, und unsre Delegation besteht aus: Hermlin, Kant, Kohlhaase, Edel, Neutsch, Strahl. Und dann Massenlesungen mit je 18 Personen, jeder soll in 5-10 Minuten was ablassen. Nein.

Ich frage mich, ob die Leute, die sich zu Friedensaktivitäten treffen, nicht immer mehr die Wurzel des Übels analysieren müssen und dann eben nicht nur sagen, was sie *nicht* wollen, sondern auch, was sie wollen, d. h.: Welche Art von Frieden. Und da sind die Konflikte halt vorprogrammiert.

Knapp zwei Tage, über Pfingsten, waren wir bei Sarah, die mit Schweinitz und Moritz in einem allerliebsten Bungalow-Haus auf einem großen Bauernhof wohnt, inmitten eines ganz und gar flachen Landes, das an manchen Stellen in Moor, an manchen anderen in die Lüneburger Heide übergeht. Wir waren ihr, glaube ich, willkommen, wenn auch. Ja, wenn auch natürlich fünf Jahre ins Land gegangen sind, und unsre Erfahrungen sich gegabelt haben, und sie gegen manche und manches voller Ressentiments steckt, die sich zu meinem Erstaunen nicht vom Fleck bewegt haben, und sie nun ein ganz und gar zurückgezogenes, von allem Politischen und Öffentlichen vollkommen entferntes und abgewandtes Leben führt und braucht. Kaum in die nächsten Städte fährt, keine Lesungen macht, ihren schönen Staudengarten und Gemüsegarten sauberhält, vermehrt und pflegt, jeden Tag vormittags Gedichte schreibt und alles, was nach Konflikt riecht, flieht (geflohen ist). Sie hat es einfach nicht mehr ausgehalten, und ich verstand es und wußte gleichzeitig, ein solches Leben ist mir nicht beschieden und nicht möglich. Übrigens finde ich ihren letzten Gedichtband wirklich gut, vieles darin. Die Frage ist, ob das, was sie jetzt schreibt, in Gefahr geraten kann, abstinente Natur- und Pflanzenlyrik zu werden, sie hält die Spannungen fern (die inneren, aber darum geht es ja). Doch da muß man abwarten, und am Ende fand ich, die Pause sei ihr zu gönnen. Sehr, sehr gerne möchte sie im nächsten Sommer nach Mecklenburg kommen, und ich will versuchen, eine Einladung für sie durchzusetzen. – Wir schonten uns gegenseitig, die Kämpfe blitzten auf etwas abseitigem Terrain auf.

Lieber Franz. Vorausgesetzt, daß Europa nicht in den nächsten Jahren in die Luft fliegt: Das wichtigste ist doch, was wir schreiben, gelle. Mach doch bloß Dein Bergwerk. Die Artemis, die Jägerin, ist doch nur in der männlichen Ausdeutung, zum Beispiel der des Euripides, eine »schreckliche Jungfrau«, ursprünglich, d. h. zur Zeit der Göttinnen, war sie nur ein andrer Aspekt der Aphrodite, und die beiden lagen nicht miteinander in unstillbarem Streit, schon gar nicht um einen Mann, und sei es Hyppolitos. Und wenn die Göttin nicht herbeigezwungen, sondern auf die rechte Weise herbeigesehnt und -gewünscht wird, und sei es in der Sterbe- oder Schreibestunde, dann kommt sie ganz selbstverständlich, leichtfüßig und wohlgesonnen, und was sie sagt, ist keineswegs: I gitt. Sondern: Na, Alter, immer noch nicht klüger geworden? Und dann lächelt sie auf ihre unnachahmliche Weise, und was sie denkt ist: Männer!, und dann hörst Du sie atmen und alles läßt sich machen. So wird es sein

Sei gegrüßt, Deine Christa

71 Franz Fühmann an Christa Wolf

29. XI. 82

Liebe Christa,

danke für Deinen Brief. – Warum sollte ich Dich denn nicht ernst nehmen; das war schon kein Witz.

München war insgesamt eine tolle Erfahrung. Wir sollten wirklich mal drüber reden. – Leipzig (FDJ) nehm ich auch – anders – ernst; *das* vergessen diese Burschen nicht!

Ich bin in den nächsten Tagen immer mal in Berlin und ruf Dich an,

Gruß an Gerhard,
tschüß Weibsbild
Franz

72 Franz Fühmann an Christa Wolf

21. 1. 83

Liebe Christa,

in Eile, ich hab versucht, Dich in Berlin anzurufen; zu Deiner Vorlesung in der Akademie konnte ich leider nicht kommen; man hat mir voll Stolz erzählt, daß 1 Scheibe eingedrückt worden ist. Glückwunsch.

Christa, der H. Kant hat mich zu sprechen begehrt und mir die Teilnahme am Kongreß angeboten, von sich aus als »selbstverständlich« verbunden mit der Zusicherung, daß ich dort unzensiert reden könne und daß diese Rede im Protokoll des Kongresses veröffentlicht würde. Ich hab ihm heute geschrieben, daß ich diese Einladung annehme, und da er mir gesagt hat, daß er auch an Dich und Günter d. Br. mit der gleichen Frage herantreten will, möchte ich Dir sagen, daß ich es für wichtig & gut halte, wenn Du zustimmen würdest. Es ist doch eine Gelegenheit, die wir sonst nicht haben, und wir werden als Zuhörer gewiß illustre Gäste haben.

Wenn es dir recht ist, sollten wir uns in der nächsten Zeit

einmal sehen. Magst Du nicht einmal mit Gerd rauskommen, ihr habt doch 1 AUTO; ich armes Schwein hab keins. – Sonst bin ich am 26. 1. abends in Berlin, am 27. 1. mach ich mit bei der Großschaffe zu den K.-Wolf-Filmen, diskutiere u. a. mit Herrn Kollegen Erik Neutsch, das wird ja auch ganz lustig werden. Am 28. früh wollte ich wieder zurück. – Dann könnte ich am 10. 2. abends in Berlin, auch am 12. 2. abends, unter Umständen auch am 13. 2. abends, dann am 23. 2. stell ich die Königin der ung. Poesie vor, die große Nemes Nagy Ágnes, im ung. Kulturhaus, wenn ihr kommen wollt, veranlaß ich, daß man euch einlädt.

Da Briefe von + nach Berlin jeweils bis zu 3 (drei) Wochen dauern, (es ist unerträglich, ich bekomme jetzt noch Post von Vorweihnachten, ja bestimmte Post aus dieser Zeit steht noch aus), schick mir doch bitte 1 Telegramm nach Märkisch.

Das wird ein beschißnes Jahr, gelle?

Gruß
Franz

73 FRANZ FÜHMANN AN CHRISTA WOLF

18. 2. 83

Christa,

ich hab Dir schon einmal von der Schleicherschen Buchhandlung in Dahlem erzählt, und der guten Atmosphäre dort – nun tu ich's noch einmal, aus einem bestimmten Grund: Die möchten Dich zu gern für eine Lesung haben.

Ich kann Dir nur zuraten, es ist gut dort, eine lit. Atmosphäre, wirklich gute Leute. Wenn's Dir möglich ist, mach es doch, die freuten sich wirklich. Es geht immer, wenn Du willst, bloß der Sommer ist unglücklich, also spätestens bis Juni, und dann wieder ab Mitte September, aber das weißt Du ja.

Du sollst, wegen des zu erwartenden Publikums, nicht in der Buchhandlung, sondern im Gemeindehaus lesen, das ist dort, wie Niemöller gewirkt hat. Man hat mir ein Buch darüber für Dich mitgegeben, das bring ich Dir mit, wenn wir uns in Berlin sehn.

Sag Ja, bitte.

Ich überleg mir meine Rede für den Kongreß, die wird lieblich & lustig.

Machs gut in den USA, und dann sag Ja zu Dahlem,

herzlich, so long

74 FRANZ FÜHMANN AN CHRISTA WOLF

[vor 7. 4. 83]

DEL

1158z bln/4
1135b bln b dd
zczc 97
(1605)maerkischbuchholz 18 1635

lx54
christa wolf
friedrichstr 133
(1040)berlin

TELEGRAMM

indith kapitel 8 vers 29 sei umarmt
        franz

75 CHRISTA WOLF AN FRANZ FÜHMANN

Neu Meteln, 7. 4. 83

Lieber Franz,

danke für Deine Karte. Ich weiß nicht, ob ich Dir damals schon sagte, daß wir zum Kongreß nicht hier sind, sondern in den USA – wir haben uns nun doch entschlossen, eine verkürzte Reise zu machen. – Daß Hilbig gedruckt wird, ist schön. Natürlich gäbe es auch sonst manches zu sagen – aber ich verstehe schon, wenn Du drauf verzichtest. (Ich glaube, man ist froh über jeden, der schweigt. Aber schreiben ist wichtiger.)

Ich habe immer noch nicht die Druckgenehmigung für meine Kassandra-Texte; in einer der Vorlesungen werden 8 Stellen beanstandet; die soll ich ändern; da ich dies nicht tue, streichen. Sonst kommen die Vorlesungen nicht, nur die Erzählung. Also werde ich an den gestrichenen Stellen wohl Pünktchen machen lassen. (Rede noch nicht über die Sache.) Es handelt sich wahrscheinlich – genau erfahre ich es erst nächste Woche – um meine Äußerungen zur Kriegsgefahr und meine Konzeption der Friedenserhaltung.

Du – Dein Telegramm wurde mir hierher nachgeschickt; ich habe hier keine Bibel mit den Apokryphen, in denen das Buch Judith steht, muß also erst nächste Woche nachgukken, was Du mir telegrafiert hast. Falls es keine Bosheit war – schönsten Dank.

Hab einen schönen Frühling, der doch irgendwann mal wärmer werden muß …

Tschüss,
Christa

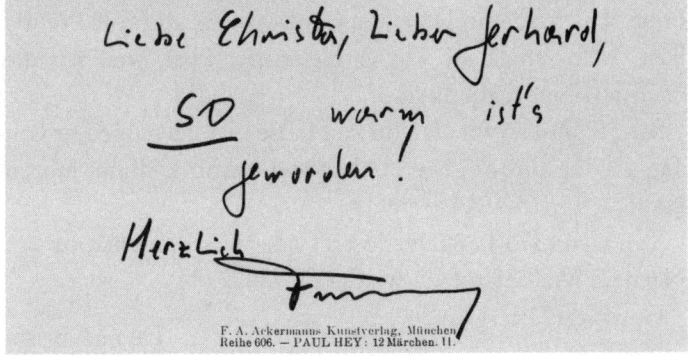

76 Franz Fühmann an Christa und Gerhard Wolf

[nach 7. 4. 83]

Liebe Christa, lieber Gerhard,
  so warm ist's geworden!

Herzlich
Franz

135

77 FRANZ FÜHMANN AN CHRISTA WOLF

29. 8. 83

Liebe Christa,

es tut mir leid, daß es plötzlich bei mir so voll war + ein bißchen hektisch; erwartet hab ich's nicht, als wir telephonierten. Aber so geht's halt zu in der Welt, zu der ja das Krankenzimmer auch gehört.

Ich drück euch ganz herzlich die Hand,

SALUT euer alter Franz

78 CHRISTA WOLF AN FRANZ FÜHMANN

26. 10. 83

Lieber Franz,

diesen Sonderdruck hat gestern die Sarah extra für Dich mitgeschickt, damit Du einen Gruß von ihr und eine Freude hast. Also schick ich Dir es gleich per Post, weil wir die nächsten Tage nicht da sind.

Sehr froh sind wir, daß du zu Hause bist. Es möge Dir von Tag zu Tag besser gehen. Aber wer schon U-Bahn fahren kann...

Du, wenn Du Langeweile hast oder was brauchst, ruf an. Nächste Woche sind wir wieder da. (2827784).

Gerd läßt Dich grüßen.

Deine Christa

79 FRANZ FÜHMANN AN CHRISTA WOLF

[2. 11. 83]

Liebe Christa, danke für »Galoschen« und Einladung – ich ruf euch an.

Ob wir wohl auch einmal in die Postkartenunsterblichkeit

*Auch in den Blumenfenstern
und liebevoll gepflegten Gärten
spiegelt sich das Leben
friedvoller/fleiß'ger Menschen.*

M·R·SOMMER

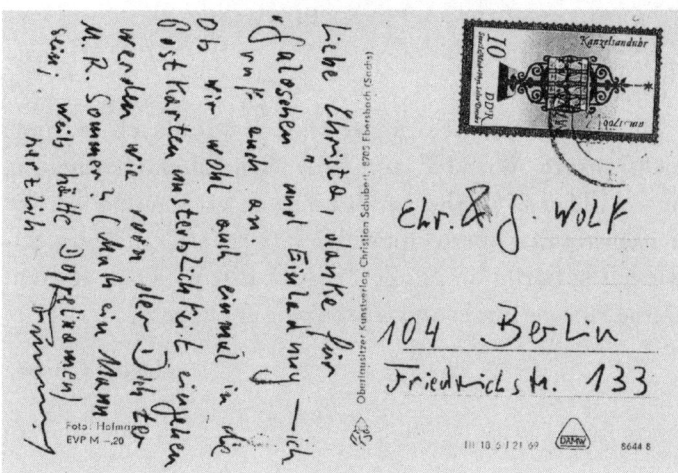

137

eingehen werden wie vorn der Dichter M. R. Sommer?
(Muß ein Mann sein; Weib hätte Doppelnamen)

herzlich Franz

80 CHRISTA WOLF AN FRANZ FÜHMANN

29. 12. 83

Lieber Franz,

soll man sagen: Glückwunsch zur gelungenen Operation?
(Ich sprach eben mit Deiner Frau.) Ich bin froh, daß es gut
gegangen ist und daß die Schmerzen vorbei sein werden. –
Ich kann noch nicht kommen, wegen langwieriger Grippe.
Wenn die vorbei ist, ruf ich an. Ich umarme Dich, so fest
Dein Körper es verträgt. Und alle Hoffnung auf das nächste
Jahr.

Deine Christa
Gruß von Gerd

81 CHRISTA WOLF AN FRANZ FÜHMANN

21. 2. 84

Lieber Franz,

Du sollst doch wenigstens wissen, warum ich so lange
nicht anrufe. Wir sind vor einer Generalrekonstruierung
unseres Hauses hierher zu Bettina ausgerissen und werden
in nächster Zeit überhaupt viel unterwegs sein (müssen). Sowie ich in Berlin bin, Ende Februar, rufe ich Dich an. Will
Deine Stimme hören und wissen, wie es Dir geht.

Deine Christa

82 CHRISTA WOLF AN FRANZ FÜHMANN

19. 3. 84

Lieber Franz,

heute früh habe ich mir Dein Buch vom Engel der Behinderten angesehen und durchgelesen, und ich muß Dir doch gleich sagen, wie sehr es mich beeindruckt, alles: der Text, die Fotos, und in dieser Nachbarschaft die Grieshaber-Drucke. Da ist Euch etwas Außerordentliches gelungen, ich war ganz aufgeregt davon und danke Dir nochmal, daß du es mir gegeben hast.

In Deinem Essayband habe ich erst das Interview mit Simon gelesen, und auch hier: vorbildlich die Präzision und Offenheit; es macht einfach Spaß, zuzuhören, wie Du selbstverständlich, ohne zu klemmen und zu drücken, jetzt Deins sagst – ohne falsche Scham und Rücksicht.

Aber meine allergrößte Freude warst Du gestern selbst: gut siehste aus, und gesund sollste sein!

Herzlich Deine Christa

83 FRANZ FÜHMANN AN CHRISTA WOLF

Charité, Stat. 4, 16. IV. 84

Liebe Christa,

ich hab ein paar Mal versucht, euch anzurufen – lag wieder ganz in eurer Nähe, neuer Ileus, 5 min. vor 12 an der Operation vorbei.

Jetzt hoffe ich, daß ich Mittwoch rauskomme. Man stellt bei mir so was wie allgemeine Ermüdungserscheinungen der Physis fest – ausgerechnet das fehlt mir noch & jetzt!

Hab Dank für Deinen guten Brief. – Über Ostern hoff ich in M. B. zu sein, und es wär schön, wenn wir uns einmal dort träfen, gelle, Händedruck euch Beiden,   salut Franz

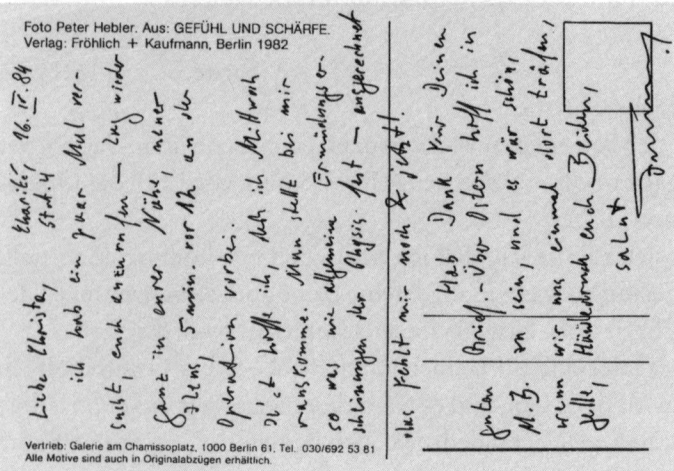

Foto Peter Hebler. Aus: GEFÜHL UND SCHÄRFE.
Verlag: Fröhlich + Kaufmann, Berlin 1982

Vertrieb: Galerie am Chamissoplatz, 1000 Berlin 61, Tel. 030/692 53 81
Alle Motive sind auch in Originalabzügen erhältlich.

Christa Wolf
Franz Fühmann – Trauerrede

Die Stimme von Franz Fühmann hörte ich zum letzten Mal genau eine Woche vor seinem Tod. Es war ein Sonntag abend, es war eine fast unveränderte Telefonstimme, es war – wie nenne ich es – ein normales Gespräch unter Freunden, von denen aber der eine gesund, der andere krank war. Es war von seiner Seite auch ein leidenschaftslos, ohne Selbstmitleid gegebener Bericht von seinem Ergehen in den Wochen davor, und in diesem Bericht war ein Satz eingeworfen, der eine Ahnung, vielleicht ein Wissen andeutete, das in dem ganzen letzten Jahr niemals laut geworden war. Falls es ein solches Wissen gab, hat es ihn nicht gehindert, Streit mit mir anzufangen über einen Autor, den ich ihm empfahl und den er rundweg ablehnte: wegen mangelnder Konsequenz. Seine Kritik bleibe in Symptomen stecken, stoße zum Kern der Sache nicht vor, treffe, vor allem, die Falschen, obwohl er, der Autor, ganz gut wisse, wer die Richtigen seien. Halbheiten also. – Entschieden widersprach ich ihm und erbot mich, ihm bei dem Besuch, den wir verabredeten, zu beweisen, daß er sich irrte. Tu das! sagte er.

Als ich den Hörer auflegte, hatte mein ungutes Gefühl sich verstärkt. Aber die Verabredung dachte ich doch einhalten zu können. Dann wurde die Operation vorverlegt. Dann konnte ich ihn nicht mehr besuchen. Dann traf mich die Nachricht von seinem Tod doch unerwartet. Warum hatte ich den Aufschub für ihn so erhofft. Seinetwegen? Meinetwegen? Und wenn auch meinetwegen: Warum?

Jetzt würde er, da die Frage einmal gestellt ist, gründlich vorgehen. Und was das bei ihm heißt, »gründlich«, das muß man nachlesen, zum Beispiel in seinem Trakl-Essay. Zum Beispiel anhand seiner Verfolgung – das Wort trifft den Vorgang! – eines einzigen Motivs aus einer Zeile eines Gedichts: Der Wahnsinnige ist gestorben. Aus Trakls »Psalm«. Da erlebt man, erlebe ich in diesen Tagen erneut mit herzklopfender Spannung, was das sein kann, »eine Dichtung empfangen«. Wie du aufgerufen und herausgefordert bist mit allem, was du weißt; mit all deiner Erfahrung, und besonders mit jener Erfahrung aus den Krisen und Brüchen deines Lebens; wie du alle Quellen in dir erschließen mußt, aus denen dein Mut sich speist, denn den wirst du brauchen: Je tiefer du dich auf das Gedicht einläßt, um so näher rückt der Augenblick, da eine Kraft dich zwingt, »die Augen zu schließen, als ob das Haupt der Wahrheit sich erhebe«; und wen blicken die Augen dieses Medusenhauptes an, wenn nicht dich, und nun hast du ein weiteres Mal auszuhalten, was das Gedicht, auf rechte Weise empfangen, dir zufügt: »Der Wahrheit nachsinnen – / Viel Schmerz.«

Die Poesie, sagt Fühmann, wieder und wieder, die Poesie wirkt wie das Verhängnis. Und er zitiert Baudelaire: »Das Wort verrät, wovon« ein Dichter »besessen ist«.

In diesen wenigen Tagen, seit er starb, und seit ich ihn unaufhörlich lese, habe ich ihm nicht die Ehre der Genauigkeit antun können, die er Trakl erweist, indem er dessen häufigste Worte anführt und zählt. Doch will ich es wagen, diejenigen Worte zu nennen, die ich für seine zentralen halte; es sind dies: Wandlung. Wahrheit. Wahrhaftigkeit. Ernst. Würde. Sie alle stehen, wie selbstverständlich in einem Werk, das von einem zentralen Widerspruch her geschaffen ist, zueinander in Beziehung; ihre Antriebskraft, ihre Richtung und ihren Inhalt aber bekommen sie von dem Wort Wandlung, das Thema, in das Fühmann sich »eingeschmolzen« weiß: seinem unausgesetzten, inständigen Versuch, sich wandelnd und den Prozeß dieser Wandlung beschreibend, sich dem

Verhängnis zu stellen, ein Generationsgenosse und, bis zu einem gewissen Grad (so schränke ich ein, nicht er!), Teilhaber jenes mörderischen Wahndenkens gewesen zu sein, das Auschwitz hervorbrachte. »Vor Feuerschlünden«: Dahin hat er immer wieder zurückkehren müssen. »Von Auschwitz komme ich nicht mehr los.« »Meine Generation ist über Auschwitz zum Sozialismus gekommen.« Und, unerbittlich weiterfragend, damit die Wahrheit ihr Haupt erhebe, mochte der Blick der Medusa ihn auch vernichten: Wie hätte ich mich verhalten, wäre ich nach Auschwitz kommandiert worden.

Wieder und wieder. Und da Fühmann sich – und uns – keine Scheinfragen stellt, kann man, lesend, konnte ich, bekannt mit der Tatsache seines Todes, das heißt: vom Ende her, aus den Landschaften seiner Bücher jene Struktur sich abzeichnen sehen, die gesetzmäßig und nicht beliebig ist; jene Richtung, zu der er – einmal die Wahl angenommen: Wandlung! – nun gezwungen war. Ein strenges Leben. »Künstler ist, wer nicht anders kann – und dem dann nicht zu helfen ist.« Er hat sich abgearbeitet. »Ich übe einen harten Beruf aus, Momente des Glücks sind darin selten, sie stehen sehr nahe dem Unerlaubten.« Einmal, in den letzten Zeilen des Trakl-Essays, gesteht er, »am Ende« seiner »Kraft« zu sein. »Wir werden weiter der Wahrheit nachsinnen. – Mehr Schmerz? – Wir werden es erfahren. – Aber es kann wohl nicht anders sein.«

Wenn ich mich frage, wie er es sich wohl gewünscht hätte, daß hier und heute über ihn gesprochen werde, so glaube ich eines zu wissen: Er hätte es sich verbeten, jenen Widerspruch zu verharmlosen, zwischen dessen Pole er »bis zur Grenze des Zerbrechens gespannt« war. »Der Konflikt zwischen Dichtung und Doktrin war unvermeidlich«, formuliert er als Einsicht in eben dem gleichen Essay, in dem er fragt, warum, unter welchen Umständen er bereit gewesen ist, das Geheimnis der Dichtung einer Doktrin zu opfern. »Beide waren in mir verwurzelt, und beide nahm ich existentiell. Es war mir ernst mit der Doktrin, hinter der ich noch durch die verzerrtesten Züge das Gesicht der Befreier von Auschwitz sah, und es war mir ernst mit der Dichtung, in der ich jenes Andere ahnte, das den Menschen auch nach Auschwitz nicht aufgab, weil es immer das Andere zu Auschwitz ist. ... Mein Konflikt brach von innen aus, nicht von außen, also war er nicht vermeidbar. Sein Ende ist noch nicht abzusehen.«

Was bleibt einem Schreibenden in einer derart exemplarischen Situation? Er muß sich selbst als Exempel setzen; das Exempel an sich statuieren. Der Weg – alle die verschiedenen Wege, die Fühmann in den letzten zehn, zwölf Jahren einschlug – führte ihn zu beispielhaften Vergleichen. Über E. T. A. Hoffmann, dem brüderlich Verwandten: »Was leistet er also? Er liefert Modelle. Wovon? Von Menschheits- und Menschenerfahrung.« – Über die Plastik, die Wieland Förster, der Freund, von ihm schuf: »Es war kein Abbild, es war ein Gleichnis, das Bild von bestimmten Möglichkeiten und den Hindernissen ihrer Verwirklichung; das Ich des Modells in der Sphäre des Wesentlichen.« Es ist sein eigenes ästhetisches Programm, und das Gleichnis, an dem er seit fast einem Jahrzehnt in Gedanken arbeitete, für das er Material zusammentrug, das er wohl als sein Hauptwerk sah, hieß: Das Bergwerk. Er sprach darüber, erzählte Episoden, den Grundgedanken, bezog alles, was er inzwischen tat, auf dieses eigentliche Buch – oft als Störung, oder Abhaltung –, und erklärte mir und anderen vor zehn, elf Monaten: Er habe es aufgegeben. Ich bin damals sehr erschrocken und hatte Mühe, diesen Schreck wenigstens in den Ausdruck des Bedauerns zu mildern. Nun fand ich beim Wiederlesen seiner letzten Bücher, daß sie ja alle schon Teile, nicht nur Vorarbeiten, jenes geträumten Lebensbuches sind: Bestandteile einer Gesamtarbeit, deren Richtung in die Tiefe ging, in immer weniger bekannte, immer dunklere Bereiche, zu den Ursprüngen hin, den Mythen und Märchen, und in das eigene Innere, die Höhlen des Unbewußten, des Schauerlichen, der Schuld und der Scham. »Bergwerk der Träume« finde ich, doch überrascht, schon in »Zweiundzwanzig Tage oder Die Hälfte des Lebens« – ein Buch, in dem er ganz zu sich kommt, ganz bei sich ist. Und das mich getröstet hat: Er hat es gehabt, Lebensgenuß und Lebensfülle, Daseinsfreude und Freundesnähe. Er hat die Verzweiflung durchgestanden, die Versuchungen der Sucht und der Selbstvernichtung überwunden und ist erneut an die Arbeit gegangen. Er macht sich an die Untersuchung der Gründe.

Unser Dialog, der in den fünfziger Jahren begonnen hatte – ich erinnere mich an ein Gespräch an einem der kleinen runden Tische des »Café Praha«, er zeigte uns ein Manuskript, das hieß: »Fahrt nach Stalingrad« –, muß in den sechziger Jahren aus Gründen, die ich auch bei mir suchen und untersuchen müßte, spärlicher gewesen sein. Eine gemeinsame Ungarnreise; die Stätten, an denen Attila József, dessen Gedichte Fühmann nachdichtete, gelebt hatte. Der Bahnübergang, an dem er gestorben war. Gespräche auf einer Schiffsfahrt auf der Donau, immer und immer wieder über unser Thema, von dem wir besessen waren: Politik, Kulturpolitik in diesem Land. – Eines der Erinnerungsbilder, das ich von ihm habe: Wie er, noch als dicker Mann, schnaubend und prustend, mit Schlingpflanzen behängt, aus dem flachen Ostseewasser vor Ahrenshoop auftaucht. Dann plötzlich – habe ich da einige Jahre verpaßt? – steht er als ganz Veränderter, Abgemagerter vor mir, und er lehnt alles Eßbare ab. Ja, rigoros ist er gewesen, und er war mir ein wenig unheimlich in seiner Unbedingtheit, doch nun kann ich ein Wort wie »unheimlich« gar nicht mehr denken und niederschreiben, ohne mir die Deutung zu vergegenwärtigen, die er,

Fühmann, ihm in seinem Aufsatz »Fräulein Veronika Paulmann aus der Pirnaer Vorstadt oder Etwas über das Schauerliche bei E. T. A. Hoffmann« gegeben hat. Ich weiß noch, daß mich schon sein Essay – »Das mythische Element in der Literatur« – erregt hatte und daß ich ihm aus der germanistischen Bibliothek in Edinburgh eine entsprechende Karte schrieb. Seine Antwort liegt vor mir: »... Der liebe Gott der Schriftsteller machts schon, daß wir einander finden, wenn wir einander brauchen ...« So war es. Von nun an kann ich fast für jedes seiner neuen Stücke den Ort angeben, an dem ich es las – oft noch als Manuskript, und das Fräulein Veronika Paulmann brachte Fragen wie diese: »Werden müssen, was man flieht – ist es unabwendbar?« Und über das »Degradieren seiner Mitmenschen zur bloßen Sache, zum Mittel«, Sätze wie den: »Und daß es so gewöhnlich ist, daß man's nur bemerkt, wenn es einen selbst trifft, doch dann mitten ins Herz.«

Auch meine Sache wurde da verhandelt. Phasen gab es, da hatte ich das Gefühl – er auch? Das weiß ich nicht –, daß wir einander zuarbeiteten. Und andererseits: die Reibeflächen, gerade an Gegenständen der größten Annäherung.

War er verletzbar? Ja. Allein – er vertrug Kritik. Jemand wie er, der sich immer neu von Grund auf in Frage stellte. Nur ernst mußte er genommen werden. Ich entsinne mich der Geste und der Miene, mit der er sich nach einer Versammlung, in der Würdelosigkeit und Feigheit dominiert hatten, erhob: So, Freunde. Das ist's gewesen. Hier seht ihr mich nicht wieder. – Und man *hat* ihn in jenem Gremium nicht wiedergesehen. »Ernst und Würde, das sind Worte, die mir gefallen«, hatte er geschrieben. Kritik als Farce – das ertrug er nicht. Er konnte verachten, anhaltend und unversöhnlich. Aber er konnte auch – fast möchte ich sagen: vor allem – rückhaltlos bewundern und bejahen.

Ernst, ganz ernst nahm er die Jungen. Nicht nur die Kinder: Alle seine Freunde mit Kindern wissen davon zu erzählen, wie er für Stunden aus dem Kreis der Erwachsenen ins Kinderzimmer entschwinden und sich mit einem achtjährigen Mädchen oder einem fünfjährigen Jungen in profunde Gespräche verstricken konnte, zum Beispiel – das war das letzte Gespräch, dem ich beiwohnte – über Wesen und Natur der Hexen. Und seine Bücher für Kinder! Aber ich wollte von den Jungen reden, die nicht mehr Kinder sind und die Gedichte schreiben. Dadurch fielen sie zwangsläufig unter eine Menschengruppe, für die er sich verantwortlich wußte. Er war ihr Freund, Bewunderer, Kritiker, Berater, Helfer, wenn es denn sein mußte, auch Geldgeber, und ihr Anwalt. Die Briefe, die er um ihretwillen an die Behörden schrieb! Nichts, dachte ich in den letzten Jahren manchmal, quälte ihn so wie die Zwangsvorstellung, er könne ein unterstützungsbedürftiges Talent, ein Genie gar, übersehen, so daß es verlorengehn, verderben könnte. Ob in diesem Land Dichter nachwuchsen; ob es eine Literatur geben wird, die diesen Namen verdient – das war seine ureigene Sorge und Bekümmernis. Ja, es ist vorgekommen, daß er auf einen traf, der sich selbst nicht ernst, nur wichtig nehmen konnte. Nie vergesse ich, wie er, ein Gezeichneter nach der ersten Operation, noch auf der Intensivstation, an all diese Schläuche angeschlossen, da hockte und manisch reden mußte über die letzte Enttäuschung, die ihm einer zugefügt hatte, und ich vergesse nicht, wie jeder Ansatz zur Besserwisserei in mir wegschmolz. Ich blicke mich um, auf der Suche nach dem, der in seine Fußstapfen treten könnte, und mir wird bange.

Ein anderes Bild: Sein Krankenzimmer, umhängt mit den Grieshaberschen Darstellungen des Todes. Das war nach einer späteren Operation. Er habe sich gedacht, das werde vielleicht nichts mehr. Da habe er sich den Alten hingehängt, mal so zum Drangewöhnen. – Und wer dabei war, wird ihn im Gedächtnis behalten, wie er, wenig später, in diesem Saal unter Schmerzen, die man ihm nicht anmerken sollte, sein Plädoyer für Franz Kafka hielt.

Aus seinen Briefen zu zitieren ist es noch zu früh. Nur einen Absatz möchte ich anführen, aus einem Brief, den er mir vor zwei Jahren schrieb, und ich möchte mir erlauben, zu zitieren, was ich ihm antwortete.

»Wenn Du in die Mythologie sinkst«, schrieb er, »dann begegnest Du sicher dem Prinzen Hippolytos, der hat sein Leben der Artemis geweiht, dieser schrecklichen Jungfrau, der Jägerin, und hat darüber Aphrodite zu dienen versäumt, und die rächt sich nun. ... Hippolytos liegt am Schluß im Sterben, und nun hat er nur einen Wunsch: Die, der er sein Leben geweiht, seine Göttin, Artemis, die leichtfüßige Schweiferin, möge ihm in der Sterbestunde sich zeigen, und das tut sie auch, aber um zu sagen: I gitt, du stirbst ja, das ist nichts für mich, schon der Anblick von so einem verunreinigt mich; und sie haut ab. Irgendwie gehts einem mit dieser Scheiß-Literatur so. Man kriegt Briefe, was man da geleistet habe (so wie sich um den Hippolyt das erlegte Wild häuft), aber das ist alles Papier für Papier, und die Göttin erscheint nicht, und täte sie's, sagte sie sicherlich auch: I gitt.«

»Lieber Franz«, erwiderte ich ihm. »Vorausgesetzt, daß Europa nicht in den nächsten Jahren in die Luft fliegt: Das wichtigste ist doch, was wir schreiben. Mach doch bloß Dein Bergwerk. Die Artemis, die Jägerin, ist doch nur in der männlichen Ausdeutung eine ›schreckliche Jungfrau‹, ursprünglich war sie nur ein anderer Aspekt der Aphrodite, und die beiden lagen nicht miteinander in unstillbarem Streit. ... Und wenn die Göttin nicht herbeigezwungen, sondern auf die rechte Weise herbeigesehnt und -gewünscht wird, und sei es in der Sterbe- oder Schreibestunde, dann kommt sie ganz selbstverständlich, leichtfüßig und wohlgesonnen, und was sie sagt, ist keineswegs: I gitt. Sondern: Na,

Alter, immer noch nicht klüger geworden? Und dann lächelt sie auf ihre unnachahmliche Weise, und ... dann hörst Du sie atmen, und alles läßt sich machen. So wird es sein.«

Ob es so war? Wie ich es ihm wünsche. Ob es so sein wird? Was wissen denn wir. Wie sagte doch Franz Fühmann, eine Gedichtzeile Georg Trakls umkehrend: »Die Sonne ist das, was keiner begräbt.«

Juli 1984

Christa Wolf

Für die Franz-Fühmann-Schule in Jeserig, zu ihrer Namensgebung

Liebe Schülerinnen und Schüler, liebe Lehrerinnen und Lehrer, liebe Eltern und andere Erwachsene –

Wenn Franz Fühmann noch bei uns wäre, was ich mir in den letzten Jahren oft gewünscht habe, weil es mir am Herzen gelegen hätte, wie früher mit ihm über diejenigen Fragen zu reden, die uns, dessen bin ich sicher, beiden dringlich gewesen wären; wenn also Franz Fühmann heute hier sein könnte, dann würden wir uns nicht versammeln, um eine Schule nach ihm zu benennen. Armin Schubert und seine anderen Freunde vom »Sonnensegel« hätten es auch nicht nötig gehabt, einen solchen Vorschlag zu machen, denn Fühmann wäre ja ihr aufmerksamer, lernender und hilfreicher Begleiter geblieben; und es wäre für ihn gar nicht in Frage gekommen, sich zu Lebzeiten auf solche Weise ehren zu lassen. Ich bin froh über diese Art, an ihn zu erinnern, mehr noch: mit ihm zu leben; denn dies war die Art und Weise, in der ihr, Schülerinnen und Schüler, und Sie, Lehrerinnen und Lehrer, hier in Jeserig ein Jahr lang Fühmann nähergekommen sind, so daß ihr heute wißt, wessen Namen eure Schule tragen wird, und daß ich es nicht nötig habe, euch, Ihnen zu erzählen, was Fühmann geschrieben hat, Titel aufzuzählen oder seinen Lebenslauf zu memorieren. Ich kann es mir wohl erlauben, von den Gedanken und Gefühlen zu reden, die in mir aufstiegen, als ich, dieser kleinen Rede wegen, wieder einmal in den Büchern von Fühmann las, und davon zu erzählen, wie ich ihn kannte.

So wie auf eurem Wandbild an der Schulmauer sah er ja schon lange nicht mehr aus. Zwar kannte ich ihn noch so, einen körperlich beeindruckenden Mann, gut im Fleische, der mächtig aß und trank. Dann, auf einmal, nachdem wir uns monatelang nicht gesehen hatten, trat mir ein hagerer Mensch entgegen, mit eingefallenen Wangen und großen Augen, die wie von einem Dauerschreck geweitet waren – ein Mann, den ich kaum erkannte und dessen Anblick mir zuerst unheimlich war; der beinahe jede Speise strikt ablehnte: Das war die Erscheinungsform, in der er sich jetzt zeigen und auch selbst erkennen wollte. Eine jahrelange rigorose Selbstkasteiung hatte sie hervorgebracht. Es lehrte mich etwas über seinen Umgang mit sich selbst, der streng, manchmal gnadenlos war.

Er war ein Mensch der andauernden und gründlichen Selbst-Prüfung, eine Anstrengung, die ihn gleichzeitig verzehrte und zum Schreiben trieb. Seine besten Bücher sind Zeugnisse und Produkte dieser Auseinandersetzung, in der er immer wieder seine Gewißheiten, auch und zuerst die über sich selbst, vernichtete und sich extremen Fragen stellte; er war davon überzeugt, daß ein Schreibender zuerst mit sich selbst ehrlich sein müsse, daß er anders kein Recht hätte, an Leser heranzutreten. Das bedeutet aber, bei seinem Charakter und bei einem Leben, wie Fühmann es zu führen hatte, daß alle seine Bücher »Herzens-« und »Schmerzensgeschichten« sind, wie er eine seiner früheren Erzählungen genannt hat.

Selbstverständlich werdet ihr die Bücher von Franz Fühmann lesen, die er direkt für euch geschrieben hat, also zum Beispiel seine großen Nacherzählungen der großen griechischen Epen des Homer; dazu schreibt er im Januar 1967 an seinen Lektor, der »sein Bemühen unter den Begriff Strenge« gestellt hatte: »Und was tut die strenge Feder? Sie schreibt Kinder- und Jugendbücher, das ist besser als nichts und besser als Falsches. Nach der Odyssee die Ilias. Der Blinde war schon ein großartiger Mann, und wie er seinen

Herren, den Parvenüs des Kriegeradels, die von der Literatur vor allem Haus- und Stammesreklame verlangten, den Spiegel vorhielt, ohne daß sie es merkten, wie er ihre Dummheit, Rohheit, Kulturlosigkeit, Barbarei, Ungeschlachtheit, Brutalität und Schäbigkeit schildert und dabei unentwegt mit Wendungen wie ›sagte der edle Held‹ – ›der herrliche König‹ parodistisch kontert und gleichzeitig seinen Auftraggebern Sand in die Augen streut – das ist schon eine Wucht. Und wie viele merken's heute noch nicht.« Das zitiere ich nicht, um erneut die Frage aufzuwerfen, ob Homer wirklich ein gebrochenes Verhältnis zu seinen Auftraggebern hatte oder ob Fühmann das in ihn hineinsehen wollte, sondern um euch darauf aufmerksam zu machen, daß ein Schriftsteller von Fühmanns Art, auch wenn er sich scheinbar weit zurückliegender Stoffe annimmt, immer aus seiner Gegenwart, aus seinem Konfliktfeld heraus dazu getrieben wird – und das war eben für Fühmann eine ihn über Jahre tief beschäftigende Notwendigkeit, sich den Anforderungen *seiner* »Auftraggeber«, die er lange ernst genommen hatte, zu entziehen, schließlich mit ihnen zu brechen. Es war ein Lebenskonflikt.

In dem Buch: »Die dampfenden Hälse der Pferde im Turm von Babel«, das ihr ja auch schon beim Wickel hattet und das ich nur jedem Kind über dreizehn – was sag ich: über elf, zwölf – warm empfehlen kann, steht von Fühmann eine Widmung vom Dezember 1978, als er es uns schenkte. »Am Anfang war das Wort«, zitiert er da Goethe, um fortzufahren: »– bloß was ist am Ende?« Er zählt dann alle Mitglieder unserer Familie auf, denen er das Buch widmet, einschließlich unserer damals sechsjährigen Enkeltochter, und unterschreibt: »herzlich und hilflos, Franz«. Als ich das wieder las – ich hatte es vergessen –, fiel mir vieles ein, was für ihn, Fühmann, aber nicht nur für ihn, zu dieser Formel »hilflos« geführt hatte, ein Wort, das in anderem Zusammenhang und in manchen Briefen bei ihm als »Ohnmacht« auftaucht. Dies war eine tiefgehende Erfahrung, und kaum einer hat sie sich so schwer werden lassen wie Franz Fühmann: daß die Gesellschaft, der er sich aus seiner frühen Lebensgeschichte heraus tief verbunden und verpflichtet fühlte, nicht, wie er lange hoffte, seine kritische Mitwirkung brauchte, seine Mitwirkung an dem Prozeß der Entwicklung in diesem Land DDR, den er – und wiederum: nicht nur er – sich als Entfaltung aller schöpferischen Kräfte vorstellte, die doch, so meinte er, das gemeinsame Ziel der Verantwortlichen, der Funktionsträger wie auch der sogenannten »einfachen Menschen« sein mußte. Das war ein Grundirrtum, an dem er sich abgearbeitet hat.

Sicher können sich Kinder und Jugendliche, die heute sechzehn, gar erst zwölf Jahre alt sind, kaum noch vorstellen, daß der Zusammenbruch der Hoffnungen, die er in eine Gesellschaft, einen Staat setzte, für einen Mann wie Fühmann die Lebensenttäuschung war. Wahrscheinlich habt ihr, als ihr euch auf diesen Tag vorbereitet, gehört, daß Fühmann, der elf Jahre alt war, als der Nationalsozialismus in Deutschland an die Macht kam, als Kind und junger Mensch führergläubig, fanatisch begeistert war von dieser Ideologie, die alle die komplizierten Probleme der modernen Industriegesellschaften, mit denen der einzelne, gerade der einzelne Jugendliche, so schwer zurechtkommt, wie mit Zauberschlag ganz einfach machte, indem sie sowohl Verdienst und Heldentum, als auch Schuld und Verantwortung auf Angehörige verschiedenen Rassen schob: Hier der gute Deutsche germanischer Rasse, der nur seinem Führer folgen muß, um recht zu handeln und überlegen zu sein, dort der böse Jude semitischer Rasse, die Quelle für alles Unheil dieser Welt. Dieses Denken ist ein grauenvoller, verhängnisvoller Wahn, gleichwohl hat es viele Deutsche in seinen Bann geschlagen, hauptsächlich, weil es sie von persönlichem verantwortlichen Handeln entlastete. Fühmann hat viele Jahre seines Lebens daran gewendet, diesen Wahn in sich auszurotten, anders kann ich das nicht nennen; er hat nie versucht, seine Teilhabe an ihm zu leugnen, im Gegenteil, eher hat er sich mehr Verantwortung auferlegt, als er in Wirklichkeit hatte. Ich wage mir kaum seine Verzweiflung vorzustellen, wenn er jetzt erleben müßte, wie junge Leute unter Emblemen und Symbolen dieser schauerlichen Vergangenheit und unter den gleichen oder ähnlichen mörderischen Simplifizierungen wieder auf Brandstiftung, auf Mord und Totschlag ausziehen. Irre ich mich, oder habe ich recht, wenn ich denke, daß ein Kind, das mit Fühmanns Büchern aufgewachsen ist, es nicht nötig hat, sich in solche Banden hineinzubegeben, deren Kameraderie jemanden anziehen mag, der nie eine wirkliche Beziehung zu anderen Menschen erlebt hat und der nicht imstande ist zu unterscheiden zwischen solidarischer Freundschaft und blindem, vernageltem Komplizentum.

Dies ist ein Grund für meine Freude über eure Entscheidung, eurer Schule Fühmanns Namen zu geben: Wenn ihr es ernst nehmt, tut ihr euch damit einen großen Gefallen, weil ihr nämlich, euch in Fühmanns Bücher versenkend, ermutigt werdet, euch selber ernst zu nehmen. Das kann zu einer großen Heiterkeit führen, gewiß nicht zu Trübsinn und Kopfhängerei, gewiß nicht zur Angeberei derer, die sich zu wichtig nehmen, die nur noch sich wichtig nehmen, ach, ihr kennt die alle schon oder werdet sie kennenlernen, sie werden euch vielleicht viel Kummer machen. Fühmann haben sie viel Kummer gemacht, sie und die Bürokraten, die jede Meinung, die sie zu hören kriegen, mit der Meinung vergleichen, die ihr Vorgesetzter verlautbart hat und sie danach bewerten und weitermelden, und die Feiglinge, die fein still für sich eine andere Meinung hegen, als die Mehrheit sie äußert, zum Beispiel in einer Versammlung, auch in einer Schulklasse, die sie aber nicht sagen, die höchstens dem, der es gewagt hat, seine eigene Meinung laut zu äußern, hinterher, auf dem Gang, verstohlen die Hand drücken.

Mit denen allen hat Fühmann es zu tun gehabt, genug und übergenug, und er hat sich mit ihnen herumgeschlagen, er hat sich aufgerieben in diesem Kampf, der manchmal darin bestand, seinen Parteioberen etwas über die inneren Gesetze der Kunst zu erzählen, die allerdings zu diesem Zeitpunkt von der öffentlichen, jedenfalls der veröffentlichten Meinung ganz anders verstanden und gehandhabt wurden; ein anderes Mal legt er sich mit einem Ministerstellvertreter an, um zu erreichen, daß ein Brief von ihm veröffentlicht wird. Dann wieder geht es um eine Anthologie, eine Sammlung von Gedichten, die junge Schriftsteller zusammengestellt hatten und die höheren Orts ein heftiges Mißfallen erregte und zu Verdächtigungen Anlaß gab. Fühmann läßt nicht nach in der Verteidigung dieser jungen Dichter, wie er überhaupt viel Aufmerksamkeit, Zeit, Hingabe verwandte an junge Menschen, die er für begabt hielt: Er ganz persönlich fühlte sich dafür verantwortlich, daß ihr Talent sich entwickeln konnte und nicht unterdrückt wurde. Er bestand darauf, daß er sich wenigstens in die Literatur einzumischen habe, von der er etwas verstand, und ihr könnt euch kaum vorstellen, in welche Schwierigkeiten man geraten konnte, wenn man dies einfach tat. Was für ein Apparat zum Beispiel in Bewegung gesetzt wurde, wenn eine Gruppe von Schriftstellern bekanntgab, daß sie die Ausbürgerung eines ihrer Kollegen aus politischen Gründen mißbilligte. Fühmann gehörte natürlich zu dieser Gruppe, und ich habe ihn beobachten können, mit welchem Ingrimm er in den nachfolgenden Querelen seinen Standpunkt verfocht. Nein, feige war er nicht.

Über sein Gedicht »Lob des Ungehorsams« habt ihr euch Gedanken gemacht. Mir ist eingefallen, daß es noch eine andere Auswirkung von Ungehorsam gibt als die, die das siebte junge Geislein erfährt, das sich, aus Neugier ungehorsam, gegen das Verbot der Mutter im Uhrenkasten vor dem bösen Wolf versteckt und so sein Leben rettet: Nicht immer, eigentlich meistens nicht, wird Ungehorsam, das heißt: eigenständiges Denken und Handeln, belohnt, oft bringt es, in der landläufigen Meinung, erhebliche Nachteile, und da steht man denn vor der Frage, was einem wichtiger ist, sich selbst kennenlernen und mit sich ins reine kommen oder in Übereinstimmung zu sein mit der landläufigen Meinung; und, das kann ich euch versichern, das ist eine Frage in jeder Gesellschaftsordnung, die ich bisher kennengelernt habe – es waren drei –, und sie verlangt immer wieder eine genaue persönliche Entscheidung. Diese Entscheidungsfindung, Fühmanns innerer Roman, zieht sich durch alle seine Texte und gibt ihnen ihre unnachahmliche innere Spannung.

Die Widmung, die er uns in sein Buch von den dampfenden Hälsen der Pferde geschrieben hat, habe ich inzwischen nicht vergessen. »Herzlich und hilflos«. Das Jahr 78, an dessen Ende er das schrieb, das Jahr nach der Ausbürgerung jenes Kollegen (Wolf Biermann), von der ich schon sprach, hatte ihn zermürbt und ihm Hoffnungen geraubt, die sich als Illusionen erwiesen. Es war auch das Jahr, in dem er sich in seinen großen Essay zu Georg Trakl versenkte, der zu einer rückhaltlosen und gegen sich selbst rücksichtslosen Durchmusterung seiner eigenen Entwicklung, auch ihrer Irrtümer und Fehlläufe wurde und, da bin ich sicher, eines der herausragenden Selbstzeugnisse deutscher Dichter in diesem Jahrhundert bleiben wird. Aber natürlich sah er voraus, auf welch militantes Unverständnis dieser Text in seinem Lande treffen würde.

Es begannen die Jahre ohne Hoffnung, ohne Alternative. 1978 muß auch das Jahr gewesen sein, in dem er unsere Grübeleien über die Frage: Sollen, können wir hier bleiben, in der DDR, die sich immer mehr verkrustete, unsere Wirkungsmöglichkeit nach außen immer mehr einschränkte – eine Protestbewegung von unten war damals noch nicht in Sicht – oder müssen wir weggehen, wie andere Kollegen es taten? – das Jahr also, in dem Fühmann unseren Dauerdialog über diese Frage mit der Formel beantwortete: Ärzte, Pfarrer und Schriftsteller sollen hierbleiben, solange sie können – womit er zeigte, in welche Kategorie von Lebenshelfern er sich, uns, *auch* einordnete (daß seine Hauptarbeit das Schreiben war, daß er auf diese oft einsame Tätigkeit zurückgeworfen war, wußte und sagte er seit langem immer wieder). Aber wenn jemand, so hat Franz Fühmann die Pflichten wahrgenommen, die er sich auferlegte, Pflichten der Verteidigung von zu Unrecht Angegriffenen; der Fürsprache für Hilfesuchende; der Ermutigung anderer Autoren, die ihn mit Manuskripten überhäuften; der materiellen Hilfe für Bedürftige; der Teilnahme an Projekten für behinderte Kinder, und vieles andere, was ihm täglich zugetragen, zugewiesen wurde. Für sie alle hat es sich gelohnt, daß Fühmann den schwierigen Weg der Selbstbehauptung hier auf sich genommen hat; er hätte ihnen gefehlt. Aber sie hätten ihm auch gefehlt, ihre Briefe, ihr Zuspruch, ihre dringlichen Fragen auf Lesungen, ihre Anforderungen, die ihn in Spannung hielten. Daß sie ihn auch überanstrengten, ist sicher.

Die andere, die Hauptspannung ging für Fühmann von dem Konflikt aus, den er jahrzehntelang in allen seinen Texten austrug, in den er sich verbiß; den er, wenigstens im Werk, benennen und wo möglich auch lösen wollte, am Beispiel seiner Gesellschaft, in der er ihm zugespitzt entgegenkam: der Konflikt zwischen Geist und Macht; zwischen oben und unten; zwischen der dogmatischen Ideologie und einem eingreifenden Denken; zwischen dem einzelnen und der Gesellschaft; alles Themen, die Fühmann nicht von außen beobachtet, sondern schmerzlich an sich erfahren, in sich durchgearbeitet hatte, und die nun, seit Jahren schon, auf einen Stoff zuliefen, ihn zu diesem Stoff hinführten, der ihm als sein Haupt- und Lebensthema erschien, an dem er sich als Mensch und Künstler zu bewähren habe: Das Bergwerk, ein wahrhaft ungeheures Vorhaben, von dem er oft gesprochen, für das er bis zur Erschöpfung gearbeitet, gesammelt, konzipiert und geschrieben hat. Das Bergwerk als konkreter Ort: Fühmann ist in Kali- und Kupferbergwerke eingefahren und hat sich mit den Arbeitern und den Arbeitsbedingungen vertraut gemacht; das Bergwerk als Gleichnis für den Konflikt zwischen menschlicher Arbeit und der Natur, aber auch als Metapher für Vielschichtigkeit, Tiefe. Auch als phantastischer Schauplatz für die unterirdischen Geister – dies alles als Spiegelung der menschlichen Seele in dieser Zeit, ihrer unbewußten Untergründe und Abgründe. Ich weiß noch, wie erschrocken ich war, als Fühmann mir sagte, er habe das Manuskript abgebrochen, er sei daran gescheitert. – Ich kann hier nicht versuchen, zu ergründen, warum er zu diesem Schluß kam; ich glaube aber, daß die Hoffnungslosigkeit, das Gefühl des Scheiterns, wie er es in seinem Testament als »bittersten Schmerz« formuliert: »gescheitert zu sein: In der Literatur und in der Hoffnung auf eine Gesellschaft, wie wir sie alle einmal erträumten« – daß dieses Gefühl sich auf seinen Körper ausgewirkt hat, der diese Krankheit zum Tode hervorbrachte, und auf seine Arbeitslust und Arbeitsfähigkeit. Nicht jeder Konflikt ist jedem Menschen zu jeder Zeit lösbar. Fühmann, auf Wahrheit und Wahrhaftigkeit aus wie wenige, hat das am eigenen Leib erfahren.

Ist das nun ein trauriger Schluß? Soll ich so ernst auf einer Feier sprechen, die einen heiteren Anstrich hat, mit Recht, und auf der so viele Kinder und junge Leute sind? Wißt ihr, wissen Sie, Franz Fühmann hat sich immer gegen die Verfälschung und Verleugnung von Ernst, von Krankheit und Tod gewehrt. Als ich ihn zum letzten Mal im Krankenhaus besuchte, hatte er die Totentanz-Bilder seines Freundes, des Malers, Grafikers und Holzschneiders HAP Grieshaber, an den Wänden seines Krankenzimmers aufgehängt. Ich muß doch wissen, mit wem ich es vielleicht bald zu tun habe, sagte er; es war vor einer seiner letzten Operationen, und er meinte den Tod. Er würde es sich nicht wünschen, daß der Widerspruch seines Lebens, der Widerspruch in ihm selbst, verniedlicht und verkleinert wird: Das würde seine Leistung verkleinern. Und es liegt an uns, wir haben es in der Hand, dieses Verdikt des Scheiterns für ihn aufzuheben: Indem wir den Faden seiner Arbeit da aufnehmen, wo er ihn fallenlassen mußte; indem wir uns den Fragen stellen, die er uns zurückgelassen hat; indem wir unser Zusammenleben darauf prüfen, ob es Menschlichkeit befördert oder Entfremdung; indem wir seine Bücher zu unseren Begleitern machen und ihn so brauchen, wie er es sich wünschte, gebraucht zu werden.

Dies alles scheint mir heute und hier der Fall zu sein. Insofern ist dies eine glückliche Stunde für den Schriftsteller Franz Fühmann und für uns alle, für die ich denen, die sie möglich machten, dankbar bin.

27. 4. 94

Christa Wolf
Nachwort

Der Entschluß, bei Lebzeiten eigene Briefe zu veröffentlichen, bedarf wohl einer Begründung, auch wenn, wie ich
beim Wiederlesen fand, die Briefe, die Franz Fühmann und
ich einander schrieben, von mir nicht kommentiert werden
müssen. Sie sind Zeugnisse aus einer Periode, die inzwischen als abgeschlossene Geschichte betrachtet und häufig
so behandelt wird, als hätten die in dieser Zeit Agierenden,
auch die Schreibenden – Bücher, Briefe Schreibenden –, das
Ende der Epoche, an deren Widersprüchen sie sich rieben,
als Ahnung, oder sogar als Ziel, ihren Handlungen unterle-
gen sollen. Ich kenne niemanden, der das tat, so unterschiedlich gerade Autoren sich auch verhielten: Selbst diejenigen,
die sich am deutlichsten den Vertretern und Institutionen
des Staates konfrontierten, gingen davon aus, daß dieser
Staat dauern werde, mögen sie das heute wahrhaben wollen
oder nicht. Dieser selbstverständliche Denk- und Hand-
lungshintergrund war es ja, der die Konflikte schärfte, an
denen wir uns über Jahre hin abarbeiteten, Veränderung ein-
klagend, uns selbst verändernd. Und diese Art »Arbeit«, die
wir mehr und mehr als gemeinsame sehen lernten, hat Franz
Fühmann und mich zusammengebracht.

Die Unkenntnis über die konkreten Umstände, unter denen in der DDR Literatur entstand und Schriftsteller miteinander umgingen, ist ein Grund für mich, diese authenti-
schen Zeugnisse zur Verfügung zu stellen, auch wenn ich
nicht annehmen kann, daß schon die Zeit dafür ist, sie ruhig wahrzunehmen. Zu tief haben sich Vorurteile – genauer
Nach-Urteile – über die Rolle derjenigen Schriftsteller ein-

gefressen, die in der DDR geblieben sind, zu sehr werden diese Vorurteile noch gebraucht und beeinträchtigen das Vermögen zu differenzieren. – Ein zweiter Grund, unseren Briefwechsel zu publizieren, ist die Beobachtung, daß das Verschwinden der Strukturen, in denen wir arbeiteten, das Fühmann nicht mehr erlebt hat, als Zeitraffer wirkt: Viel schneller als unter »normalen« Umständen wird ein Zeitabschnitt »historisch«, mit betäubender Geschwindigkeit werden die, die diesen Abschnitt überlebt haben, anderen und sich selbst zu historischen Figuren. Dies kann man als Desaster sehen oder als Chance, vielleicht ist es beides, jedenfalls befördert es die Distanz zu den eigenen Hervorbringungen, übrigens auch zu den Aufgeregtheiten der Gegenwart: Auch sie wird einmal dem kühlen Blick der Nachgeborenen ausgesetzt sein.

Die Briefe markieren auch in meinem Leben ein, wenn nicht abgeschlossenes, doch versunkenes Kapitel. Inwieweit Personen, die sich vor einem bestimmten gesellschaftlichen Hintergrund bewegt, sich auf ihn bezogen haben, ganz oder teilweise in Mitleidenschaft gezogen werden, und in welchem Sinn, wenn dieser Hintergrund sich auflöst, sich radikal verändert, das wäre eine nicht uninteressante Frage. (Interessant für wen?) Sie betrifft Franz Fühmann nicht: Diesem letzten Umbruch, den seine Generation erfahren hat, hat er sich durch den Tod entzogen. Fühmann, sieben Jahre älter als ich, also einer der wenigen seiner Generation, die den Zweiten Weltkrieg überlebt haben, hat von einem gründlichen Bruch seiner Existenz zum nächsten gelebt; er hat sein Leben in Zwölf-Jahres-Rhythmen unterteilt und sprach gelegentlich davon, daß die nächste Zäsur ihn und uns wahrscheinlich in einem Lager ereilen würde, in dem man uns isoliert hätte – eine Erfahrung, die wir noch nicht gemacht hatten, wohl aber er, nämlich in der Gefangenschaft, und er riet uns dringend, uns einen inneren Vorrat er-

zählbarer Geschichten anzulegen; der Erzähler werde nämlich in der unendlichen Öde des Lageralltags von den anderen Insassen dafür, daß er ihnen die Zeit verkürze, in der Regel mit Brot belohnt. Dies sei der unwiderleglichste Beweis
für die elementare Bedeutung der Literatur, den er kenne.

Makabre Scherze, die gehörten zu ihm und zu unserem
Umgang miteinander. Fühmann konnte eine Art grimmiger
Genugtuung hervorkehren, wenn er wieder einen Befund zu-
tage gefördert hatte, der ihn einer zunehmend düsteren Wahrheit näher brachte: In diesem Sinn war »Das Bergwerk«, sein
letztes großes, abgebrochenes literarisches Unternehmen,
eine Metapher für die Tiefenschürfung, die er sich in seinem
letzten Jahrzehnt als Schriftsteller auferlegte. Der Gang in
den Hades – er, mit dem Mythos lebend wie wenige, hat den
Sinn dieses von alters her unvermeidlichen Wegs in die
Unterwelt, dieses nie bis zu Ende entschlüsselbaren Gleich-
nisses für Wandlung, für schmerzhafte Selbstfindung, für
Tod und Wiedergeburt, sehr wohl gekannt. Er hat um die un-
geheuren Möglichkeiten gewußt und um die ungeheuer-
lichen Gefährdungen, denen der sich aussetzt, der diesen
Weg dennoch geht, aber er hatte keine Wahl. Er konnte nicht
ausweichen. Er mußte die Fragen, die ihn bedrängten, aufs
äußerste zuspitzen, bis in die Nähe der Selbstvernichtung,
das täte er heute wohl auch. Ich denke, seine Briefe bezeugen,
daß die Herausforderung, der er sich stellt, um so schärfer
wird, das Messer, das man selbst ansetzen muß, um so tiefer
ins eigene Fleisch schneidet, je tiefer man mit dem Objekt,
das man untersuchen, sezieren muß, einst verbunden war.

Dies war unser Fall, und dies hat uns, bei allen Verschie-
denheiten des Geschlechts, des Alters, des Temperaments,
der literarischen Mittel und Ziele einander nahegebracht,
hat uns in den Zeiten der größten Annäherung das Gefühl
gegeben, »daß wir einander zuarbeiten«. Freundschaft ist
ein großes Wort, ich habe lernen müssen, es sehr sparsam an-

zuwenden. Franz Fühmann habe ich als Freund gesehen: mitdenkend, mitfühlend, unbedingt verläßlich. Einmal, 1964, sind wir, zu dritt, zusammen in Ungarn gewesen, er folgte den Spuren von Attila József, dem proletarischen Dichter, mit dessen Lebenskonflikt und Schicksal Fühmann sich identifizieren konnte, wir begleiteten ihn, diese Reise war unser erstes großes ununterbrochenes Gespräch über das, was uns viele Jahre lang Tag und Nacht bedrängte und schließlich zur Verzweiflung brachte: Wohin das Land trieb, in dem wir lebten, wohin es getrieben wurde, und ob wir etwas tun könnten, die zunehmend unheilvolle Richtung zu beeinflussen. Das haben wir schließlich aufgeben müssen; er schlug sich noch mit den Institutionen herum, weil er nicht glauben wollte, daß sie unverbesserlich waren; oder weil er, weil wir so tun mußten, als wollten wir es immer noch nicht glauben, wenn wir etwas Bestimmtes erreichen wollten. Er war es dann, der, rigoros auch gegen sich selbst, aus der Erfahrung der Vergeblichkeit den Schluß zog, er sei gescheitert. – Mir scheint, nicht sehr viele Lebensleistungen können sich messen mit der dieses Gescheiterten.

Im Jahr seines Todes hat er mir seinen Band mit Essays, Gesprächen und Aufsätzen geschenkt. Als Widmung schrieb er hinein: »Liebe Christa, NIKDE = Kein Ort. Nirgends – (S. 278) man hat halt immer das gleiche Ziel. Ganz herzlich, heute und immer Franz.« Auf der Seite 278 beginnt er seinen Nachdichtungsversuch des »berühmtesten Gedichts von František Halas« mitzuteilen, jenes Gedichts, das »Nikde« heißt. Er würde, schreibt Fühmann da, »heute seinen Titel am liebsten mit ›Kein Ort. Nirgends‹ wiedergeben«, und er berichtet getreulich, wie er bei seinem Eindeutschungsversuch, an dem er »durch ein Jahrfünft geschuftet« habe, zu der ersten Zeile dieses Gedichts gekommen ist:

Nirgends sein o Nirgends du mein Land

»Nirgends sein«, sei »existentiell, ein Wunsch, eine Sehnsucht«, es »wachse aus dem Reflektieren der bedrängenden
Realität«. »›Nirgends sein‹, das heißt sowohl: ich will im
Land Nirgends sein, es in mir tragen, aber um dieses Innen
willen muß das Außen zerstört sein. ... Der Gang zum Nirgends als ein Gang in die unteren Lehme wird der Gang in die
Mythologie.« Der Gang zu den Müttern, unter die Oberflä-
che, zu den Gründen für die Heillosigkeit der Gegenwart, zu
den Ursachen auch für die eigene Verstrickung in dieses
heillose Geflecht – ich denke, wir wären uns nahe geblieben.

Zwar weiß ich, es ist kein Zufall, daß Franz Fühmann den
nächsten tiefen Einschnitt, den von 1989, nicht erlebt hat,
die Lähmung an seiner Lebenswurzel war nicht zu heilen,
etwas in ihm hatte entschieden, es gehe auch ohne ihn; doch
kann ich mich des Wunsches nicht erwehren, er wäre noch
bei uns; er wäre weiter auch an meiner Seite, mit seinem ab-
soluten Gehör für echte und unechte Töne, mit seiner Zor-
nes- und Leidensfähigkeit, mit seiner unermüdlichen Anstrengung, »geistige Angebote zu machen, wenn auch die
Gesellschaft ihre meisten Energien verbraucht, sich zu zerstören. Ein Moloch«; mit seinem Mut, im Grenzbereich
zwischen zwei Wertesystemen zu leben, die Zerreißprobe
auszuhalten; mit seiner Begabung, Mittler zu sein, das heißt,
die undankbarste Rolle bewußt zu übernehmen; mit seiner
Radikalität, mit der er seine Irrtümer bekannte und analy-
sierte, es gibt kaum Schwereres; mit seiner herzerwärmen-
den Solidarität; mit der Kühnheit, mit der er sich, schreibend, dem blinden Fleck dieser Zivilisation näherte: »Alles
um das Humanum. Alles um Hoffnung«.

Auf verlorenem Posten »Würde« wahren, um Selbstbehauptung kämpfen, es lernen, ohne Perspektive und ohne
sichtbare Alternative zu leben, darum ging es, wir wußten
es; wußten, daß wir nicht unangefochten aus dem Dilemma
herauskommen würden, in dem wir steckten, aber vielleicht

ging es ja nicht darum, unanfechtbar zu bleiben, vielleicht mußten wir nicht fremden, sondern eigenen Maßstäben zu genügen trachten, die wir manchmal täglich neu finden mußten, denn es ist ja kennzeichnend für sich zersetzende Verhältnisse, daß diejenigen, die immer noch ihren eigenen Maßstäben gerecht werden wollen, nie das Gefühl loswerden, sie könnten nichts mehr »richtig« tun. Aber vielleicht ging es nicht mehr um »richtig« oder »falsch«; vielleicht ging es ja darum, einen Platz nicht zu verlassen, und wenn es auch ein Platz war mit dem Rücken an der Wand, und wenn wir ihn auch noch so unvollkommen, so fehlerhaft, unter noch so vielen zermürbenden Selbstzweifeln und Selbsttäuschungen verteidigten: So redeten wir, außerhalb der Briefe, die so viele nicht zustande kommende Verabredungen festhalten, wenn wir uns dann doch trafen, in unserer Berliner Wohnung, am Rande von Tagungen; wenn wir unsere Lage von verschiedenen Seiten beleuchteten, und mal der eine, mal die andere nach Auswegen suchten, die uns aber, wie wir einsehen mußten, nicht freistanden (»Kann man vor seiner eigenen Geschichte in den Westen gehen?«), das sehe ich heute noch so, heute wieder: Hier, am Ort des tiefsten Schmerzes, an dem Ort, der uns am gründlichsten in Frage stellte, war unser Lebensstoff. Dies wird für manche, besonders Jüngere, nicht mehr vorstellbar sein. Man kann es belächeln, bestreiten, ignorieren. Aber so ist es gewesen.

Daß er den Herbst 89 hätte mit erleben und mit gestalten können – das hätte ich ihm dringlich gewünscht, dies hätte, glaube ich, auch seiner Erfahrung, die er von Grund auf durchlebte, eine nicht geahnte weitere Dimension gegeben: Es zeigte sich, der Funken, den wir manchmal für erloschen hielten, war doch nicht ganz ausgetreten worden, auf einmal kam, wenn auch wie immer in der Geschichte nur für kurze Zeit, die kreative Seite der Widersprüche doch noch hervor, richtiger: sie wurde hervorgeschleudert als unaufschiebbares Verlangen nach der Befriedigung der wirklichen, lebenserhaltenden Bedürfnisse und gab den Menschen, die wir zu kennen glaubten, veränderte Gesichter, neuen Mut, eine andere Sprache.

In den letzten Jahren hat Fühmann auf den Kopf seiner Briefbogen die erste Strophe des Goethegedichts drucken lassen, das auch ich seit langem auswendig kenne und oft memorierte und memoriere:

> Übers Niederträchtige
> Niemand sich beklage;
> Denn es ist das Mächtige,
> Was man dir auch sage.

»Wandrer! – Gegen solche Not / Wolltest du dich sträuben?« Was anderes könnte er heute tun, als weiter zu versuchen, das Wichtige vom schnell Vergänglichen zu trennen und, was Sache der Literatur ist: das Unkenntliche kenntlicher zu machen, mag sein ein altmodisches Unterfangen. Auf sich bestehen, indem er sich weiter, immer tiefer gehend, befragte. Diese seine neuen oder alten Fragen und das, was er darauf antwortete, hätte ich gerne von ihm gehört.

Juni 1995

Anhang

Lebensdaten Franz Fühmann

1922   Geboren am 15. Januar in Rochlitz an der Iser (heute Rokytnice nad Jizerou) im Riesengebirge als Sohn des Apothekers und Besitzers einer kleinen Fabrik für pharmazeutische Artikel Josef Rudolf Fühmann und der Margarete Fühmann, geb. Gabriel.

1932   Aufnahme in das Jesuitenkonvikt Kalksburg bei Wien.

1936   Verläßt das Jesuitenkonvikt; Besuch des Gymnasiums in Reichenberg (Liberec); Eintritt in den Deutschen Turnverein (Sudetendeutsche HJ).

1938   Eintritt in die Reiter-SA.

1939   Reform-Real-Gymnasium Hohenelbe (Vrchlabi).

1941   Matura; Immatrikulation an der Universität Prag; Reichsarbeitsdienst in Ostpreußen; freiwillige Meldung zur Deutschen Wehrmacht (in Fernschreibkompanie in der Sowjetunion).

1943–44   Einsatz in Griechenland.

1945   Sowjetische Kriegsgefangenschaft im Kaukasus.

1946   Antifa-Zentral-Schule bei Moskau; danach Lehrer an Antifa-Schulen.

1949   Entlassung aus Kriegsgefangenschaft in die DDR.

1950   Eintritt in die NDPD; Angestellter im Parteiapparat, später Leiter der kulturpolitischen Arbeit. Ehe mit Ursula Böhm.

1952   Geburt der Tochter Barbara.

1953   »Die Nelke Nikos« (Gedichte); »Die Fahrt nach Stalingrad«.

1955	»Kameraden« (Novelle). Vaterländischer Verdienstorden (Bronze).
1956	Heinrich-Mann-Preis der Deutschen Akademie der Künste.
1957	Nationalpreis III. Klasse.
1958	Lösung des Arbeitsverhältnisses mit NDPD; seitdem freier Schriftsteller.
1960	Mehrmonatiger Arbeitsaufenthalt in Warnow-Werft. Beginn intensiver Nachdichtungsarbeit.
1961	Mitglied der Deutschen Akademie der Künste. »Kabelkran und Blauer Peter« (Reportage).
1962	Literaturpreis des FDGB. »Das Judenauto« (Erzählungen).
1963	Johannes-R.-Becher-Preis. »Böhmen am Meer« (Erzählung).
1966	»König Ödipus« (Gesammelte Erzählungen). Austritt aus Vorstand des Deutschen Schriftstellerverbandes.
1968	Aufenthalt in Rostocker Psychiatrie (Alkoholentziehungskur). Prinzipielle Veränderung der Lebensweise.
1970	»Der Jongleur im Kino oder Die Insel der Träume« (Erzählungen).
1972	Lion-Feuchtwanger-Preis. Auf eigenen Antrag Streichung der Mitgliedschaft in der NDPD.
1973	»Zweiundzwanzig Tage oder Die Hälfte des Lebens«.
1974	Erste Einfahrt ins Kupferbergwerk (Sangerhausen) und Kalibergwerk (Sondershausen). Vorstandsmitglied des Schriftstellerverbandes der DDR. »Prometheus. Die Titanenschlacht«. Nationalpreis II. Klasse.
1976	Unterzeichnung des »Offenen Briefes« gegen die Ausbürgerung Wolf Biermanns.

1977   Studienreise nach Salzburg zur Vorbereitung des Trakl-Essays. Verweigert weitere Mitarbeit im Vorstand des Schriftstellerverbandes.

1978   Kritikerpreis 1977 des Verbandes deutscher Kritiker e.V. Westberlin. Verdienstorden der Arbeit in Gold der Volksrepublik Ungarn für Übertragungen ungarischer Literatur. »Die dampfenden Hälse der Pferde im Turm von Babel«. »Der Geliebte der Morgenröte« (Erzählungen).

1979   »Fräulein Veronika Paulmann aus der Pirnaer Vorstadt oder Etwas über das Schauerliche bei E. T. A. Hoffmann«.

1981   »Saiäns-Fiktschen« (Erzählungen). Teilnahme an der »Berliner Begegnung zur Friedensförderung«. »Der Wahrheit nachsinnen – Viel Schmerz. Gedanken zu Georg Trakls Gedicht« (Verlag Philipp Reclam jun. Leipzig).

1982   »Erzählungen 1955–1975«. »Vor Feuerschlünden. Erfahrung mit Georg Trakls Gedicht« (VEB Hinstorff Verlag Rostock; in der Bundesrepublik unter dem Titel »Der Sturz des Engels. Erfahrungen mit Dichtung«). Geschwister-Scholl-Preis (München).

1983   »Essays, Gespräche, Aufsätze 1964–1981«. Einlieferung in die Charité, wiederholte Operationen.

1984   Am 8. Juli in Berlin gestorben.

Lebensdaten Christa Wolf

1929   Geboren am 18. März in Landsberg/Warthe (heute Gorzów Wielkopolski) als Tochter des Kaufmanns Otto Ihlenfeld und der Herta Ihlenfeld, geb. Jaekkel.

1939–45 Besuch der Oberschule in Landsberg.

1945   Nach Mecklenburg umgesiedelt. Verschiedene Tätigkeiten. Schreibkraft beim Bürgermeister in Gammelin bei Schwerin.

1947   Umzug nach Bad Frankenhausen (Kyffhäuser).

1949   Abitur. Eintritt in die SED.

1949–53 Studium der Germanistik in Jena und Leipzig. Diplomarbeit bei Hans Mayer.

1951   Heirat mit Gerhard Wolf.

1952   Geburt der Tochter Annette.

1953   Umzug nach Berlin.

1953–55 Wissenschaftliche Mitarbeiterin beim Deutschen Schriftstellerverband.

1955–77 Mitglied des Vorstandes des Deutschen Schriftstellerverbandes (seit 1973 Schriftstellerverband der DDR).

1956   Cheflektorin des Verlages Neues Leben. Geburt der Tochter Katrin.

1958–59 Redakteurin der Zeitschrift »Neue Deutsche Literatur«.

1959   Umzug nach Halle.

1960–61 Studienaufenthalt im VEB Waggonwerk Ammendorf.

1961   »Moskauer Novelle«. Kunstpreis der Stadt Halle.

1962	Umzug nach Kleinmachnow bei Berlin, seitdem freischaffende Schriftstellerin.
1963	»Der geteilte Himmel« (Erzählung). Heinrich-Mann-Preis der Akademie der Künste der DDR.
1963–67	Kandidatin des ZK der SED (vom VI. bis VII. Parteitag der SED).
1964	DEFA-Film »Der geteilte Himmel«, Regie Konrad Wolf. Nationalpreis III. Klasse für Kunst und Literatur.
1965	Mitglied des PEN-Zentrums der DDR. Diskussionsbeitrag auf dem 11. Plenum des ZK der SED.
1967	»Juninachmittag« (Erzählung).
1968	»Nachdenken über Christa T.«.
1972	»Lesen und Schreiben. Aufsätze und Betrachtungen«. »Till Eulenspiegel. Erzählung für den Film« (gemeinsam mit Gerhard Wolf). Theodor-Fontane-Preis des Bezirkes Potsdam.
1974	»Unter den Linden. Drei unwahrscheinliche Geschichten«. Mitglied der Akademie der Künste der DDR. Writer in Residence am Oberlin College, Ohio, USA.
1976	Umzug nach Berlin. Unterzeichnung des »Offenen Briefes« gegen die Ausbürgerung Wolf Biermanns. »Kindheitsmuster«.
1977	Literaturpreis der Freien Hansestadt Bremen. Gastvorlesungen an der University of Edinburgh. Teilnahme am PEN-Kongreß in Stockholm.
1979	»Kein Ort. Nirgends«. »Fortgesetzter Versuch. Aufsätze, Gespräche, Essays«. Karoline von Günderrode, »Der Schatten eines Traumes. Gedichte, Prosa, Briefe, Zeugnisse von Zeitgenossen« (Herausgabe). Mitglied der Deutschen Akademie für Sprache und Dichtung, Darmstadt.
1980	Reise nach Griechenland. Georg-Büchner-Preis

der Deutschen Akademie für Sprache und Dichtung.

1981   Teilnahme an der »Berliner Begegnung zur Friedensförderung«. Mitglied der Akademie der Künste Westberlin.

1982   Poetik-Vorlesungen an der Universität Frankfurt/M.

1983   »Kassandra. Vier Vorlesungen. Eine Erzählung«. Friedrich-Schiller-Gedächtnis-Preis des Landes Baden-Württemberg. Ehrendoktorwürde der Ohio State University, Columbus, Ohio, USA. Dort Gastprofessur.

1984   Mitglied der Europäischen Akademie der Künste und Wissenschaften, Paris. Franz-Nabl-Preis der Stadt Graz.

1985   »Ins Ungebundene gehet eine Sehnsucht. Gesprächsraum Romantik. Prosa, Essays« (mit Gerhard Wolf). Honorary Fellow der Modern Language Association of America. Österreichischer Staatspreis für Europäische Literatur. Ehrendoktorwürde der Universität Hamburg.

1986   »Die Dimension des Autors. Essays und Aufsätze. Reden und Gespräche 1959–1985«. Mitglied der Freien Akademie der Künste, Hamburg.

1987   »Störfall. Nachrichten eines Tages«. Nationalpreis I. Klasse für Kunst und Literatur. Geschwister-Scholl-Preis der Stadt München. Gastprofessur für ein Schreibseminar an der Eidgenössischen Technischen Hochschule, Zürich.

1989   »Sommerstück«. Juni: Austritt aus der SED. Am 4. November Rede auf der von Berliner Kulturschaffenden initiierten großen Kundgebung in Berlin (»Sprache der Wende«).

1990   »Reden im Herbst« (im Luchterhand Literaturverlag unter dem Titel »Im Dialog«). »Was bleibt«. Ehrendoktorwürde der Universität Hildesheim und der Freien Universität Brüssel. Verleihung des Ordens »Officier des arts et des lettres« in Paris.

1991   Honorary Member der American Academy and Institute of Arts and Letters.

1992   Erich-Fried-Ehrung in Wien.

1992–93 Scholar des Getty Center for the History of Art and the Humanities in Santa Monica, Kalifornien. Brigitte Reimann, Christa Wolf, »Sei gegrüßt und lebe. Eine Freundschaft in Briefen.« Austritt aus den Akademien der Künste Berlin, Ost und West.

1994   »Auf dem Weg nach Tabou. Texte 1990–94«. Rahel Varnhagen v. Ense Medaille der Stadt Berlin. Aufnahme in die Akademie der Künste Berlin/Brandenburg.

Anmerkungen

FFA	– Franz-Fühmann-Archiv in der Stiftung Archiv der Akademie der Künste Berlin-Brandenburg
hs.	– handschriftlich
ms.	– maschinenschriftlich
m. U./o. U.	– mit Unterschrift/ohne Unterschrift
ND	– Neues Deutschland
T	– Textgrundlage

1 Christa Wolf an Franz Fühmann, 5. 2. [68]
T: Hs. Original (Briefkarte) im FFA.
das Manuskript – Das Manuskript von »Nachdenken über Christa T.«, das Christa Wolf bereits im März 1967 beendet hatte. Die Druckgenehmigung wurde erst im April 1968 erteilt, danach verzögerte sich die Drucklegung, weil es interne Kritik im Staats- und Parteiapparat an dem Manuskript gab. Es erschien im März 1969, von den 15.000 gedruckten Exemplaren wurden zunächst nur 4.000 ausgeliefert. Der damalige Verlagsleiter des Mitteldeutschen Verlages, Heinz Sachs, distanzierte sich in einem Beitrag im ND vom 14. 5. 1969 von der Veröffentlichung, und auf dem VI. Deutschen Schriftstellerkongreß (28.–30. Mai 1969) wurde das Buch stark kritisiert. (Die Vorgänge um das Erscheinen des Buches sind recherchiert in: »Dokumentation zu Christa Wolf ›Nachdenken über Christa T.‹«. Hrsg. Angela Drescher, Hamburg/Zürich 1991.)
Kleinmachnow – Ort bei Berlin, in dem die Wolfs damals lebten.

2 Franz Fühmann an Christa Wolf, 25. 2. 68
T: Ms. Original m. U. im Archiv Christa Wolfs.
das Manuskript – Auf »Nachdenken über Christa T.« geht Fühmann kurz in seinem Trakl-Essay ein: »Was mir damals […] unabweisbar wie ein Albtraum aufging, war das Begreifen des Alltagssterbens am unlebbaren Alltagsleben, dem so unendlich banalen Banalen, das dich zerreibt, zerlaugt, zerfrißt. – Jeder, der dies Erliegen erfährt, erfährt es auf seine eigene Weise, und wer es nicht erfährt, wird es nie verstehn. – Kleist ist so gestorben, und Hölderlin, Lenz, die Günderrode, Grabbe, Stifter; von den Unbekannten Christa T.« (F. F., »Vor Feuerschlünden. Erfahrung mit Georg Trakls Gedicht«, Rostock 1982, S. 155f.)

daß Sinn und Form es jetzt bringt – Im Heft 2/1968 der Zeitschrift »Sinn und Form«, die von der Akademie der Künste der DDR herausgegeben wurde, erschienen als Vorabdruck die späteren Kapitel 11, 12 und 13 von »Nachdenken über Christa T.«.
Barbara – Franz Fühmanns Tochter.

3 CHRISTA WOLF AN FRANZ FÜHMANN, 11. 11. 68
T: Hs. Original (Briefkarte) im FFA.

Schlechte Zeiten für Nerven – Christa Wolf spielt damit auf die Verzweiflung vieler Intellektueller nach der Niederschlagung des Prager Frühlings von 1968 an und auf die Repressionen, denen viele ausgesetzt waren, weil sie oder ihre Angehörigen sich gegen den Einmarsch der Truppen der Staaten des Warschauer Paktes in die ČSSR ausgesprochen hatten. Christa Wolf hatte wie auch Fühmann viele Freunde unter tschechischen Intellektuellen, und es gab zwei Vorkommnisse, die darauf hinwiesen, daß sie mit den Ideen des Prager Frühlings sympathisierte: In der Schule ihrer Tochter hatte es eine Wandzeitung zum Thema ČSSR gegeben, an der die Tochter beteiligt war, bei Schülern war das »Manifest der zweitausend Worte« beschlagnahmt worden, es fanden Verhöre und Aussprachen mit den Eltern statt. Christa und Gerhard Wolf hatten sich vehement für die Schüler eingesetzt. Außerdem war sehr genau registriert worden, daß Christa Wolf wie auch Anna Seghers die offizielle Erklärung des Vorstandes des Schriftstellerverbandes zu den Prager Ereignissen nicht unterschrieben hatte. Die Stellungnahme, die sie viel später schließlich veröffentlichte und die mit dem damals anstößigen Satz schloß, »Die Entwicklung zeigt: Es besteht Hoffnung, daß die politische Vernunft sich durchsetzen wird«, wurde intern scharf kritisiert.

stärk Dich an der Seeluft – Fühmann unterzog sich einer Alkoholentziehungskur in einer Rostocker psychiatrischen Klinik. Christa Wolf kannte den Anlaß des Klinikaufenthaltes nicht.

4 FRANZ FÜHMANN AN CHRISTA WOLF, 15. 11. 68
T: Hs. Original im Archiv Christa Wolfs.

ich habe auch etwas dafür gezahlt – Ausführlich beschreibt er die Konflikte, die damals zum Ausbruch kamen in seinem Trakl-Essay. »Der Konflikt zwischen Dichtung und Doktrin war unvermeidlich; beide waren in mir verwurzelt, und beide nahm ich existentiell. Es war mir ernst mit der Doktrin, hinter der ich noch durch die verzerrtesten Züge das Gesicht der Befreier von Auschwitz sah, und es war mir ernst mit der Dichtung, in der ich jenes Andere ahnte, das den Menschen auch nach Auschwitz nicht aufgab, weil es immer das Andere zu Auschwitz ist. […] Die Ereignisse des Sommers 1968, die in meiner Entwicklung einen jener Sprünge bedeuten, in denen die personale Einheit sich als Diskontinuität durchsetzt – was hätten sie [...] mit dem Werk Georg Trakls zu tun? [...] alles jedoch in dem Sinn, daß der Konflikt, der da aufbrach, in weltgeschichtlichen Dimensionen Fleisch vom Fleisch jenes Widerspruchs war, den ich in meiner Person erfahren, der mich bis zur Grenze des Zerbrechens gespannt hat [...] Ich gestehe, daß sich in jenen Tagen jählings vor mir auch ein schwarzer Weg auftat; ich wählte schließlich den des hellen Bewußtseins und fand die Kraft, mit dem weißen Magier zu brechen, dem süßen Rauschgift zerbrannter Saaten, in dessen Bann ich mich Jahr um Jahr immer mehr des Bewußtseins begeben hatte.« (F. F., »Vor Feuerschlünden«, a. a. O., S. 209f.)

Anettchen, Katinka – Annette und Katrin, Töchter Christa und Gerhard Wolfs.

mein Lieblingsblatt – Das »Neue Deutschland«.

Halas – František Halas (1901–1949), tschechischer Lyriker. Fühmann dichtete seine Gedichte für die Sammlung »Der Hahn verscheucht die Finsternis« (Berlin 1970) nach. (Vgl. auch den Radioessay »Versuch eines Zugangs zu František Halas«, in: F. F., »Essays, Gespräche, Aufsätze 1964–1981«, Rostock 1983, S. 256–301.)

5 CHRISTA WOLF AN FRANZ FÜHMANN, 20. 1. 71
T: Ms. Original m. U. im FFA.

daß Du Dein Buch geschickt hast – »Der Jongleur im Kino oder Die Insel der Träume« (Rostock 1970). Das Exemplar hat die Widmung:
»Für Christa + Gerhard
herzlich ein bißchen Spielerei
Franz Fühmann
1. I. 71«.

wir hatten es ... verpaßt – Die Verlage in der DDR konnten wegen des Papiermangels nie genügend hohe Auflagen drucken, die die Nachfrage gedeckt hätten.

eine Art Kindheitsbuch – Das spätere »Kindheitsmuster«.

6 GERHARD WOLF AN FRANZ FÜHMANN, 20. 4. 71
T: Ms. Original m. U. im FFA. Der Brief trägt den Briefkopf des Mitteldeutschen Verlages Halle/Sa.

wegen eines Beitrages zu dem Band über Maurer – Zum 65. Geburtstag des Lyrikers Georg Maurer (1907–1971) wollte Gerhard Wolf ein Buch mit Beiträgen für und über ihn herausgeben.
Maurer, der seit Gründung des »Literaturinstituts Johannes R. Becher« im Jahr 1955 dort Lyrikseminare hielt, war besonders als Fürsprecher und Lehrer der jüngeren Generation von Lyrikern der DDR wie Volker Braun, Heinz Czechowski, Adolf Endler, Sarah und Rainer Kirsch geschätzt. Georg Maurer starb am 4. August 1971, so daß das Buch

»Dichtung ist deine Welt. Selbstaussagen und Versuche zum Werk Georg Maurers« (Halle/Sa. 1973), zum Erinnerungsband wurde. *gerade wenn du fehlst* – Von Maurers Wertschätzung zeugt u. a. der Aufsatz »Näher der Wurzel der Dinge. Das Märchenmotiv bei Franz Fühmann« (Neue Deutsche Literatur (Berlin), Heft 12/1964, S. 111–127), in dem er z. B. die Erzählung »Fahrt nach Stalingrad« als »immer noch die ergreifendste Bekenntnis- und Erkenntnisdichtung der vom Faschismus in die blutige Irre geführten deutschen Jugend« und »Kameraden« als »eine der besten neuen deutschen Novellen« bezeichnete.

7 FRANZ FÜHMANN AN GERHARD WOLF, 7. 7. 71
T: Durchschlag des ms. Originals o. U. im FFA.
Arbeit an einem Auswahlband Nezval – Vítězslav Nezval (1900–1958), tschechischer Dichter. Der Band erschien wegen der Beteiligung des Herausgebers Ludvík Kundera am »Prager Frühling« erst sieben Jahre später (Vítězslav Nezval, »Auf Trapezen«, Leipzig 1978). Fühmann nannte Nezval »einen mährischen Ätna der Poesie« und Halas »einen anderen Berg, ein Granitmassiv«: »diese beiden überragenden Gipfel bestimmen die Landschaft der tschechischen Moderne, die insgesamt ein Hochgebirge darstellt« (F. F., »Vítězslav Nezval, der Poetist«, in: F. F., »Essays«, a. a. O., S. 405). Fühmann hatte diese osteuropäischen »Dichter europäischen Ranges, einem deutschen Publikum kaum mit Namen bekannt« (ebd.), nach dem XX. Parteitag der KPdSU 1956 entdeckt. »In dieser Zeit begann das Entdecken der großen, bislang fast unbekannten Dichter unsrer östlichen und südöstlichen Nachbarn: Attila József, Vítězslav Nezval, Christo Botev, und in dem Maß, wie [...] mein Gedichteschreiben zu stocken begann, um schließlich endgültig zu versiegen, wandte ich mich der Nachdichtung zu.« (F. F., »Vor Feuerschlünden«, a. a. O., S. 130.)

[Anlage:] FRANZ FÜHMANN AN GEORG MAURER, [ohne Datum]
T: Durchschlag des ms. Originals im FFA.
wenn man selbst keine mehr macht – Dazu in einem Gespräch: »Ein Beispiel, das bei uns von der offiziellen Literaturgeschichtsschreibung nicht gesehen oder nicht beachtet wird, wäre, daß am Ende der fünfziger Jahre eine Reihe von Leuten, die bis dahin Gedichte gemacht haben, als Lyriker verstummen; das trifft auch auf mich zu. Das hing eben damit zusammen, daß gewisse, in der Mitte der fünfziger Jahre aufgeblühte Hoffnungen einfroren und abstarben, und da starb dann auch die Poesie ab, die sich aus diesen Hoffnungen speiste.« (»Gespräch mit Horst Simon«, in: F. F., »Essays«, a. a. O., S. 478f.)
mit dem Du… mehr als Titel und Thema gemeinsam hast – Anspielung auf Georg Maurers Zyklus »Die Elemente. Freie Rhythmen« (1955).

»Ohnmacht und Allmacht des Menschen, [...] dies ist der zentrale Gegenstand der Dichtung, [...] eine künstlerische Experimentenreihe, fast durchweg auf sehr hohem ästhetischem Niveau vollzogen«, hatte Fühmann geschrieben (Neue Deutsche Literatur (Berlin), Heft 2/1956, S. 133).

Saphirbrecher im Steinkohlenbecken der Kulturen – Auch Anspielung auf Maurers Arbeit als Kriegsgefangener in einem Bergwerk des Donezbeckens.

Die Elemente – Leicht überarbeitet in: Vítězslav Nezval, »Auf Trapezen. Gedichte« (a.a.O.).

8 GERHARD WOLF AN FRANZ FÜHMANN, 28. 2. 72
T: Ms. Original (Briefkarte) m. hs. Gruß im FFA.
Du brauchst Maurers letztes Manuskript – Das Manuskript des nachgelassenen Bandes »Erfahrene Welt. Gedichte« (Halle/Sa. 1973). Fühmann benötigte es für die Laudatio zur postumen Verleihung des F. C. Weiskopf-Preises der Deutschen Akademie der Künste zu Berlin an Georg Maurer am 28. April 1972. (Der Text der Laudatio in: F. F., »Essays«, a. a. O., S. 34–43.)
Über »Erwachen« habe ich etwas… geschrieben – Gerhard Wolf, »Das letzte Jahr«. (In: »Dichtung ist deine Welt«, a. a. O., S. 269–282.)
Deine Nezval-Übertragung – Sie wurde gegen die Laudatio zum F. C. Weiskopf-Preis ausgetauscht.

9 FRANZ FÜHMANN AN CHRISTA WOLF, 18. 3. 72
T: Hs. Original (Kunstpostkarte: Max Beckmann, Atelierecke) im Archiv Christa Wolfs.
Dein Buch – »Lesen und Schreiben. Aufsätze und Betrachtungen« (Berlin und Weimar 1972).
nach Rostock ein Manuskript fertigmachen – »Zweiundzwanzig Tage oder Die Hälfte des Lebens« (Rostock 1973).

10 FRANZ FÜHMANN AN CHRISTA UND GERHARD WOLF, 26. 2. 73
T: Durchschlag eines ms. Rundbriefs mit hs. Anrede-Zusatz, Ergänzung (»* …«) und Gruß im Archiv Christa Wolfs.
Der Jubilar – Erich Arendt (1903–1984), 1933 in die Schweiz emigriert, Teilnahme am spanischen Bürgerkrieg, Flucht nach Kolumbien, lebte seit 1950 in der DDR. Zunächst vor allem als meisterhafter Übersetzer und Nachdichter (u. a. Guillén, Neruda) hervorgetreten. Seine eigenen Gedichte sind stark von der Erfahrung Südamerikas und der Ägäis geprägt. Er spielte eine wesentliche Rolle bei der Vermittlung moderner westeuropäischer und lateinamerikanischer Lyrik in der DDR.
Aus Anlaß seines 70. Geburtstages am 15. April 1973 hatte Fühmann befreundete Autoren und Künstler gebeten, Beiträge für eine Gratula-

tionsmappe zu schicken. Fühmann hatte ihr den Traum »Der Insekten-sack« (in: F. F., »Unter den PARANYAS. Traum-Erzählungen und -Notate«. Hrsg. Ingrid Prignitz, Rostock 1988, S. 152 ff.) beigegeben. Da sich die Mappe nicht im Arendt-Archiv der Akademie der Künste befindet, läßt sich nicht mehr feststellen, welche Beiträge Christa und Gerhard Wolf geschickt hatten.

11 GERHARD UND CHRISTA WOLF AN FRANZ FÜHMANN, 1. 12. 74
T: Ms. Original m. U. im FFA.
Stephan Hermlin – (geb. 1915), Lyriker, Erzähler, Essayist. Wuchs in großbürgerlichem jüdischem Elternhaus auf, trat früh dem kommunistischen Jugendverband bei, Emigration u. a. in Frankreich, Spanien und der Schweiz, 1945 Rückkehr nach Deutschland, seit 1947 lebt er als Autor in Ostberlin. Verschiedene Funktionen im Schriftstellerverband, in der Akademie der Künste und im PEN-Zentrum der DDR. Nachdem er 1962 Lesungen junger Lyriker (u. a. Volker Braun, Wolf Biermann) in der Akademie der Künste organisiert hatte, wurde er stark kritisiert, trat von seinen Ämtern zurück. Seine Essays zur Weltliteratur, Nachdichtungen und Herausgaben trugen wesentlich zur Erweiterung des literarischen Horizonts in der DDR bei. Gehörte zu den Erstunterzeichnern der Petition gegen die Ausbürgerung Biermanns 1976 (vgl. die dritte Anm. zu Brief 20), Initiator der Berliner Begegnung zur Friedensförderung im Dezember 1981. Als abzusehen war, daß vom 60. Geburtstag Hermlins in der Öffentlichkeit kaum Notiz genommen werden würde, regten Christa und Gerhard Wolf unter befreundeten Autoren und Künstlern eine Mappe mit Texten und Grafiken an.
Wieland Förster – (geb. 1930), Bildhauer, Graphiker, Schriftsteller. Saß wegen einer Denunziation seit 1946 für vierzig Monate im Zuchthaus Bautzen. In den sechziger Jahren langes Ausstellungsverbot. Fühmann war mit ihm befreundet, seit er ihn beim 60. Geburtstag Arendts kennengelernt hatte. (Vgl. »Über Wieland Försters Tunesienbuch« und »Wieland Förster: Paar«, in: F. F., »Essays«, a. a. O., S. 56–66 und S. 515f.). Förster hat Fühmann mehrfach porträtiert.

12 FRANZ FÜHMANN AN GERHARD WOLF, [75]
T: Hs. Original im Archiv Gerhard Wolfs.
die Blätter – Der Beitrag zur Geburtstagsmappe. Wahrscheinlich handelt es sich um einen Brief. (In: »Briefe an Hermlin 1946–1984«, Berlin und Weimar 1985, S. 107.)
Kurt Batt – (1931–1975), Literaturwissenschaftler, Kritiker, Essayist. Von 1961 bis zu seinem Tod Cheflektor des Hinstorff Verlags in Rostock. Fühmann schrieb in dem Nachruf »Ich habe meinen Lektor verloren«: »Der Arbeit konnte er sich nicht entziehen [...] Etwas Anderes ist das Maß des Unproduktiven, das kraft Amtes, und kraft dieses be-

sonderen Amtes auf ihn gehäuft war. *So* darf es nicht mehr weitergehen; zu dieser Entschlossenheit soll sein Tod uns verpflichten.« (In: F. F., »Essays«, a. a. O., S. 197.)

13 FRANZ FÜHMANN AN CHRISTA WOLF, 10. 10. 75
T: Hs. Original im Archiv Christa Wolfs.
M. W. Schulz – Max Walter Schulz (1921–1991), Schriftsteller, 1964 bis 1984 Direktor des Literaturinstituts »Johannes R. Becher« in Leipzig, 1969–1990 Vizepräsident des Schriftstellerverbandes der DDR.
seine Rede auf vorletztem Schriftst.kongreß – Auf dem VI. Deutschen Schriftstellerkongreß 1969 hatte Max Walter Schulz das Hauptreferat gehalten und u. a. Reiner Kunze und Christa Wolf wegen ihres Romans »Nachdenken über Christa T.« angegriffen.
Australien – Es muß sich um ein Mißverständnis gehandelt haben.

14 CHRISTA WOLF AN FRANZ FÜHMANN, 13. 10. 75
T: Hs. Original (Briefkarte) im FFA.
morgen fahren wir in die Schweiz – Eine Lesereise.
Frau Köpp vom Rundfunk – Luise Köpp, Redakteurin von Radio DDR II. Das Gespräch kam nicht zustande.

15 FRANZ FÜHMANN AN CHRISTA WOLF, 11. 11. [76]
T: Ms. Original m. U. und hs. Zusatz im Archiv Christa Wolfs.
Deine neue Adresse – Die Wolfs waren nach Berlin in die Friedrichstraße umgezogen.
Literaturclub und Lit.zirkel… eine Art Hoyerswerda – Dort gab es den unter Autoren sehr geschätzten »Freundeskreis der Künste und Literatur«, der von Martin und Helene Schmidt ins Leben gerufen worden war.
Kunze-Affaire – Reiner Kunze (geb. 1933), Lyriker, Erzähler. Nach Erscheinen seines Prosabandes »Die wunderbaren Jahre« (1976) in der Bundesrepublik wurde er aus dem Schriftstellerverband der DDR ausgeschlossen und wurde nicht mehr publiziert. Heinrich Böll und Hans Mayer hatten das Buch rezensiert.
Helmut Preisler – Helmut Preißler (geb. 1925), Lyriker. »Helmut Preißler und Sarah Kirsch sind *keine* gleichgeordneten […] Größen, und wenn der Begriff schädlich in der Literatur einen Sinn hat, dann halte ich die Lyrik des Erstgenannten für schädlich, und ich setze mich nicht mehr mit ihm oder seinesgleichen an einen Tisch und tue so, als seien wir Vertreter einer und derselben Sache […]« (Fühmann an Frank-Wolf Matthies, in: F. F., »Briefe 1950–1984. Eine Auswahl«. Hrsg. Hans-Jürgen Schmitt, Rostock 1994, S. 166.)
Schulz – Max Walter Schulz.
Seeger – Bernhard Seeger (geb. 1927), Erzähler und Autor von Hör- und Fernsehspielen.

mein Verlag ist kaputt – Meint den Tod Kurt Batts, den Weggang des Verlagsleiters Konrad Reich und das veränderte literarische Klima im Verlag, das sich z. B. in einer »theoretischen Konferenz« im Oktober 76 zeigte, auf der Heinz Plavius das Referat über »eigentliche« und »uneigentliche« Literatur hielt, das Fühmann erboste. (Sein Verhältnis zum Hinstorff Verlag hat er beschrieben in der Rede »150 Jahre Hinstorff«, in: F. F., »Essays«, a. a. O., S. 494–509.)

16 FRANZ FÜHMANN AN WILLI STOPH, 16. 11. 76
T: Durchschlag des ms. Originals m. U. im Archiv Christa Wolfs.
Beschluß, … Wolf Biermann die Rückkehr in die DDR zu verwehren – Nachdem Wolf Biermann (geb. 1936) elf Jahre Auftrittsverbot hatte, erhielt er 1976 die Genehmigung zu einer Tournee durch die Bundesrepublik. Nach einem Konzert in Köln (13. 11. 76) wurde ihm die Einreise in die DDR verweigert und die Staatsbürgerschaft entzogen. Fühmann gehörte zu den dreizehn Erstunterzeichnern der Protesterklärung gegen die Ausbürgerung vom 17. November 1976.

17 FRANZ FÜHMANN AN CHRISTA UND GERHARD WOLF, 20. 11. 76
T: Hs. Original (Bildpostkarte) im Archiv Christa Wolfs.
H. K. – Hermann Kant (geb. 1926), Schriftsteller, 1969–1978 Vizepräsident der Akademie der Künste und des Schriftstellerverbandes der DDR, 1978–1989 Präsident des Schriftstellerverbandes.
»Spiegelgeschichte« – Fühmann hatte sie Mitte August an »Sinn und Form« geschickt. Mit Rücksicht auf die Kritik, der die Redaktion seit dem Erscheinen von Volker Brauns »Unvollendeter Geschichte« (5/75) ausgesetzt war, und da man die Geschichte für literarisch nicht ausgereift hielt, hatte man bereits Ende August beschlossen, sie nicht abzudrucken. Sie erschien erstmals in »Erzählungen 1955–1975« (Rostock 1977).
Girnus – Wilhelm Girnus (1906–1985), 1964–1981 Chefredakteur der Zeitschrift »Sinn und Form«.
Sonst: F. C. + E. Sch.? – Der Bildhauer Fritz Cremer (1908–1993) und der Schauspieler Ekkehard Schall (geb. 1930) hatten ihre Unterschrift unter den Protest gegen die Ausbürgerung Biermanns zurückgezogen: »Prof. Fritz Cremer hat sich bereits am Donnerstag von dem Brief einiger DDR-Schriftsteller in der Angelegenheit Biermann distanziert. Er bezeichnet die in der BRD als Protestaktion hochgespielte Erklärung als ein ›unglückliches Schreiben über Biermann‹. Fritz Cremer erklärte, daß sein Name in diesem Zusammenhang mißbraucht wurde. Man habe ihn, der sich im Krankenhaus befindet, überfahren.« (In: ND vom 20./21. 11. 1976, S. 3.) Der Brief an Stephan Hermlin mit der Distanzierung ist abgedruckt in: »In Sachen Biermann. Protokolle, Berichte und Briefe zu den Folgen einer Ausbürgerung«. Hrsg. Roland Berbig u. a. (Berlin 1994).

Die Erklärung Schalls lautete: »Ich möchte betonen, daß ich den Brief einiger Schriftsteller in der Annahme unterschrieben habe, daß er ausschließlich für zuständige Stellen in der DDR bestimmt war. Daß er direkt an westliche Presseagenturen übergeben wurde, halte ich für einen Mißbrauch meiner eingenommenen Haltung. Ich ziehe deshalb meine Unterschrift zurück.« (In: ND vom 20./21. 11. 1976, S. 3.)

18 FRANZ FÜHMANN AN CHRISTA WOLF, [Ende November 76]
T: Hs. Original (Bildpostkarte) im Archiv Christa Wolfs.
Die Abgeschiedenheit im Wald – Fühmann lebte die meiste Zeit des Jahres in einem abgelegenen, winzigen Haus in Märkisch Buchholz.
Auf euch saust jetzt der Hauptschlag – Die Folgen des Protestbriefes gegen die Biermann-Ausbürgerung.
Rückkehr aus dem Stacheldraht des Lagers – Fühmann war von 1945 bis 1949 in sowjetischer Kriegsgefangenschaft.
Notiz über die Abstimmung – Am 26. November 1976 fand eine Mitgliederversammlung der SED-Parteiorganisation des Berliner Schriftstellerverbandes statt. In der Entschließung heißt es: »Wir haben das Verhalten der Mitglieder unserer Parteiorganisation Jurek Becker, Volker Braun, Stephan Hermlin, Sarah Kirsch, Günter Kunert, Christa Wolf, Gerhard Wolf sowie Reimar Gilsenbach und Karl-Heinz Jakobs, die sich in Sachen Biermann an imperialistische Nachrichtenagenturen gewandt und damit objektiv der antikommunistischen Hetze unserer Gegner gedient haben, prinzipiell kritisiert und verurteilt. Wir haben sie aufgefordert, ihr unparteimäßiges Verhalten zu revidieren.« (ND vom 27./28. 11. 1976, S. 6.)

19 CHRISTA WOLF AN FRANZ FÜHMANN, Dezember 76
T: Durchschlag des ms. Originals im Archiv Christa Wolfs.
Im neblichten Monat November war's – Nach dem ersten Vers von Heinrich Heines »Deutschland. Ein Wintermärchen«.

20 FRANZ FÜHMANN AN CHRISTA UND GERHARD WOLF, 11. 12. 76
T: Hs. Original (Alte Bildpostkarte) im Archiv Christa Wolfs.
auch ein Kindheitsmuster – Christa Wolf hatte ihm »Kindheitsmuster« geschickt.
daß G. W., S. K., J. B. ausgeschlossen sind – Auf der Mitgliederversammlung der Grundorganisation der SED des Berliner Schriftstellerverbandes vom 7. 12. 76 wurden Gerhard Wolf und Jurek Becker aus der SED ausgeschlossen, Sarah Kirsch wurde als Mitglied gestrichen. Christa Wolf war krank, sie erhielt am 20. 1. 77 eine strenge Rüge.
St. H. widerrufen – Stephan Hermlin hatte am 4. 12. 76 eine Erklärung abgegeben, in der es u. a. heißt: »Ich möchte, daß keinerlei Kluft entsteht, daß alle Schriftsteller sich um unsere Partei und Regierung scha-

ren. Es war mein Fehler, die Information auch an *AFP* zu geben. [...] Mit dem Klassengegner will ich nichts zu tun haben. Deshalb protestiere ich gegen die Hetzkampagne, die von der BRD aus gegen die Deutsche Demokratische Republik und gegen das bewährte Bündnis der Arbeiterklasse, der Genossenschaftsbauern und der Intelligenz in unserem Staat entfacht wurde.« (In: »In Sachen Biermann«, a. a. O., S. 261f.) Ihm wurde in der Parteiversammlung eine strenge Rüge erteilt. Allerdings verwahrte er sich dagegen, daß diese Erklärung in der Parteiversammlung am 6. 12. 76 vor sämtlichen Mitgliedern und nicht nur, wie versprochen, vor den Erstunterzeichnern des Protestes verlesen wurde, und zog sie wieder zurück. (Ebd., S. 264f.)

21 FRANZ FÜHMANN AN CHRISTA WOLF, 13. 12. 76
T: Ms. Original mit hs. Zusatz.
noch eine Geschichte – »Marsyas«. Erschien mit den beiden anderen mythischen Geschichten, »Hera und Zeus« und »Der Geliebte der Morgenröte«, in leicht veränderter Fassung in »Der Geliebte der Morgenröte« (Rostock 1978).

22 FRANZ FÜHMANN AN CHRISTA UND GERHARD WOLF, 8. 1. 77
T: Hs. Original (Postkarte: »Grüße aus Frankfurt. Frohsinn beim ›Äppelwoi‹ in Sachsenhausen«) im Archiv Christa Wolfs.

23 FRANZ FÜHMANN AN CHRISTA UND GERHARD WOLF, 25. 2. 77
T: Hs. Original (Alte Postkarte mit der hs. Aufschrift »Erich Mielke besten Gruß« in Sütterlin auf eine Karte geklebt) im Archiv Christa Wolfs.
unseres väterlichen Beschützers – Erich Mielke (geb. 1907), seit 1950 Mitglied des ZK der SED, seit 1957 Minister für Staatssicherheit, seit 1976 Mitglied des Politbüros des ZK der SED.
unserem Höchsten Herrn ein Gedicht vorlesen zu dürfen – Anläßlich der Eröffnung des neuen Hauses der Akademie der Künste der DDR am Robert-Koch-Platz in Berlin fanden Lesungen und Gespräche statt. Fühmann las das Gedicht »Brief an die Gattin« von Miklós Radnóti.
Euer Namensvetter Konrad – Konrad Wolf (1925–1982), Sohn des Dramatikers Friedrich Wolf, Filmregisseur (»Sonnensucher« 1958, »Der geteilte Himmel« 1964, »Ich war neunzehn« 1968, »Solo Sunny« 1980), 1965 bis 1982 Präsident der Akademie der Künste.
seitdem es im ND stand – Bericht im ND vom 18. 2. 77, S. 3.
Strausb. Pl. 1 – Strausberger Platz 1, Berliner Wohnung Fühmanns.

24 FRANZ FÜHMANN AN GERHARD HENNIGER, 28. 2. 77
T: Durchschlag des ms. Originals mit dem hs. Zusatz »Liebe Wölfe, zu eurer Information. Gruß Franz« im Archiv Christa Wolfs.

Henninger – Von Fühmann immer so geschrieben. Gerhard Henniger (geb. 1928), 1966–1990 1. Sekretär des Schriftstellerverbandes der DDR.

Kurt Stern – (1907–1989), Erzähler, Filmautor, Publizist. 1933 Emigration nach Frankreich, 1936–1938 Teilnahme am Spanischen Bürgerkrieg, 1939–1940 Internierung in Frankreich, 1942–1946 Mexiko, 1946 Rückkehr nach Deutschland. Stern hatte auf der Mitgliederversammlung der Grundorganisation der SED des Berliner Schriftstellerverbandes am 7. 12. 76 nachdrücklich auch im Namen seiner Frau Jeanne Stern (geb. 1908) erklärt, er schließe sich dem Protestbrief gegen die Ausbürgerung Biermanns an. (In: »In Sachen Biermann«, a. a. O., S. 227.)

25 FRANZ FÜHMANN AN GERHARD HENNIGER, 11. 8. 77
T: Durchschlag des ms. Originals m. U. im Archiv Christa Wolfs.
die bedeutendste zeitgenössische Dichterin deutscher Sprache – Sarah Kirsch (geb. 1935). Von Fühmanns Wertschätzung ihres Werks zeugt u. a. der Essay »Vademecum für Leser von Zaubersprüchen« (in: F. F., »Essays«, a. a. O., S. 146–187). Sarah Kirsch hatte zu den Erstunterzeichnern des Protestes gegen die Ausbürgerung Biermanns gehört. Da sie seitdem schikaniert und bespitzelt wurde, stellte sie den Ausreiseantrag.
Bernd Jentzsch – (geb. 1940), Lyriker, Erzähler, Initiator und Herausgeber der Lyrikreihe »Poesiealbum«. Zur Zeit der Ausbürgerung Biermanns befand er sich zu Lesungen in der Schweiz, schrieb von dort den »Offenen Brief an Honecker« (21. 11. 76) und kehrte nicht mehr in die DDR zurück.
Jurek Becker – (geb. 1937) Schriftsteller. Gehörte zu den Erstunterzeichnern des Protestes gegen die Ausbürgerung Biermanns, 1979 Ausreise nach Westberlin.

[Anlage:] FRANZ FÜHMANN AN KLAUS HÖPCKE, 11. 8. 77
T: Durchschlag des ms. Originals im Archiv Christa Wolfs.
Herr Minister – Klaus Höpcke (geb. 1933), 1973–1989 Stellvertreter Minister für Kultur, verantwortlich für das Verlagswesen (u. a. Erteilung von Druckerlaubnissen).
ob es sinnvoll sein wird, sich am Kongreß zu beteiligen – Fühmann hat am VIII. Schriftstellerkongreß (29.–31. Mai 78) nicht teilgenommen.

26 CHRISTA WOLF AN FRANZ FÜHMANN, 14. 8. 77
T: Hs. Original im FFA.

[Anlage:] CHRISTA WOLF AN DAS PRÄSIDIUM DES SCHRIFTSTELLERVERBANDES, 14. 8. 77
T: Durchschlag des ms. Originals im Archiv Christa Wolfs.

[Anlage:] CHRISTA WOLF AN ERICH HONECKER, 14. 8. 77
T: Durchschlag des ms. Originals im Archiv Christa Wolfs.

27 FRANZ FÜHMANN AN CHRISTA WOLF, 4. 9. 77
T: Ms. Original o. U. im Archiv Christa Wolfs.
den infamen Anwurf von Frau Auer – Annemarie Auer (geb. 1913),
Kritikerin und Essayistin. Im Heft 4/1977 von »Sinn und Form« erschien ihr Aufsatz »Gegenerinnerung«. Darin setzt sie ihre »Lebens-
muster« den von Christa Wolf in »Kindheitsmuster« beschriebenen
entgegen. Christa Wolf werden »Selbstmitleid«, »Wehleidigkeit«, ein
verwaschener politischer Standort, »Ich–Faszination«, Fehlen des sozi-
alen Moments, »Elitebewußtsein«, abstrakte Schuldabrechnung, »aus
der Luft gegriffene Moralkriterien« vorgeworfen. »Die ›Kindheitsmuster‹ machten sich auf zu dem Versuch, Mitschuld aufzudecken und zu
verantworten. Aber die selbstkritische Gebärde läuft in Vorwurf aus:
sie greift nicht durch bis auf jenen Grund, wo das gesellschaftlich Rele-
vante verankert ist und sich enthüllt.« (Ebd., S. 871.) Sie greift Christa
Wolf grundsätzlich an: »Vom ersten Federstrich an hat die Autorin einen sehr feinen Instinkt für die gerade anstehenden Fragen bewiesen.
[…] ein mehr oder minder verdecktes Antworten auf Fragen, die in der
Luft liegen […] Das ist nützlich, kann auch Ärger bringen, es erfordert
Mut. Und vielleicht, mitunter, auch ein Gran Berechnung.« (S. 851) –
und sie weitet ihre Kritik auf die Generation Christa Wolfs aus: »Denn
sehe ich auf den wirklichen Lebenszuschnitt dieser nun mittleren Generation, so erblicke ich Karrieren ganz zur rechten Zeit, feine Wohnungen oder Häuser […] Man reist, man empfängt Ehren, man läßt es
sich an nichts fehlen.« (S. 859.)
Ludwig Renn – Annemarie Auer setzt in ihrer Kritik der Ich–Suche in
»Kindheitsmuster« die Bücher Ludwig Renns (1889–1979) entgegen.
»Wenn dann einer […] ›ich‹ sagt, so sagt er es ohne Umschweife [...]
Und da dieses Ich von einem bestimmten Zeitpunkt an [...] vollständig
damit Schluß gemacht hatte, auf sich selber zu achten, sondern einfach
seine Stellung im Klassenkampf bezog, so war dem abtrünnigen Baron
ein poetisches Ich geschenkt, das […] nur mehr Welt in sich einließ und
bezeugte.« (Ebd., S. 849.)
die Dreiviertelstunde im Rundfunk – Das von Luise Köpp angebotene
Gespräch.
einen detaillierteren Brief – Es blieb bei einem halbfertigen Entwurf.
*daß man als Einzige als Kandidatin des ZK seine Partei von einem ver-
hängnisvollen Weg abzubringen versucht* – Fühmann spielt auf Christa
Wolfs Rede auf dem 11. Plenum des ZK der SED (15.–18. Dezember
1965) an. Als kritische Künstler, besonders Filmemacher und einige
Schriftsteller, angegriffen wurden, widersprach die damalige Kandidatin des ZK als einzige der offiziellen Einschätzung. Sie wurde daraufhin

– auch auf eigenen Wunsch – nicht mehr als Kandidatin aufgestellt. (Ihr ungekürzter Diskussionsbeitrag sowie ihr »Erinnerungsbericht« erschien erstmals in: »Kahlschlag. Das 11. Plenum des ZK der SED 1965. Studien und Dokumente«. Hrsg. Günter Agde, Berlin 1991.)

28 CHRISTA WOLF AN FRANZ FÜHMANN, 6. 9. 77
T: Durchschlag des ms. Originals im Archiv Christa Wolfs.
Sarah – Sarah Kirsch.
Ziegengeist – Gerhard Ziegengeist, Literaturwissenschaftler.
Kunert – Günter Kunert (geb. 1929), Lyriker, Erzähler, Essayist. Sein Roman »Im Namen der Hüte« (1967) konnte nur in der Bundesrepublik erscheinen. Bereits Ende der sechziger Jahre war ihm ein pessimistisches Weltbild vorgeworfen worden. Gehörte zu den Erstunterzeichnern der Petition gegen die Ausbürgerung Biermanns, wurde 1977 deswegen aus der SED ausgeschlossen und lebte seit 1979 mit einem Dauervisum in der Bundesrepublik.
auch Hermlin ... geschrieben – Im Heft 6/1977 von »Sinn und Form« wurden Briefe pro (Helmut Richter, Dieter Schiller) und contra (Wolfgang Hegewald, Stephan Hermlin, Kurt und Jeanne Stern) Annemarie Auer abgedruckt. Außerdem hatte die Redaktion telegrafische oder mündliche Proteste von Hermann Kant, Wolfgang Kohlhaase und Fühmann erhalten.

29 CHRISTA WOLF AN FRANZ FÜHMANN, 8. 9. 77
T: Durchschlag des ms. Originals m. U. im Archiv Christa Wolfs.

[Anlage:] GERHARD HENNIGER AN CHRISTA WOLF, 29. 8. 77
T: Ms. Original im Archiv Christa Wolfs.

[Anlage:] GERHARD HENNIGER AN FRANZ FÜHMANN, 29. 8. 77
T: Durchschlag des ms. Originals im Archiv Christa Wolfs.
Anna Seghers – (1900–1983), Schriftstellerin. 1952 bis 1978 Präsidentin des Schriftstellerverbandes der DDR.
VII. Schriftstellerkongreß – 14. bis 16. November 1973. Fühmann hielt in der Arbeitsgruppe IV »Literatur und Kritik« das einführende Referat »Literatur und Kritik« (in: F. F., »Essays«, a. a. O., S. 67–81).

[Anlage:] CHRISTA WOLF AN GERHARD HENNIGER, 8. 9. 77
T: Durchschlag des ms. Originals im Archiv Christa Wolfs.

30 FRANZ FÜHMANN AN CHRISTA WOLF, 13. 9. 77
T: Ms. Original mit hs. Gruß im Archiv Christa Wolfs.
Kulturbundkongreß – IX. Bundeskongreß des Kulturbundes der DDR vom 22.–24. 9. 1977. Fühmann hat nicht teilgenommen.

wegen Deinem Gespräch mit H. – Die Unterredung mit Erich Honekker.

Trakl–Abend – Fand am 30. 9. 77 in der Akademie der Künste statt.

Radnóti – Miklós Radnóti (1909–1944), ungarischer Lyriker. »In diesem selbstauferlegten, zu den höchsten Gipfeln der Poesie strebenden, mit zähestem Fleiß und einer unerbittlichen Selbstkontrolle durchgestandenen Reifeprozeß wuchs er zu einem der bedeutendsten und völlig unverwechselbaren Poeten seiner Generation«, hatte Fühmann über ihn geschrieben. (In: Miklós Radnóti, »Ansichtskarten«. Nachdichtung und Nachwort von Franz Fühmann, Berlin 1967, S. 102.) Die Ausgabe des Gesamtwerks ist nicht zustande gekommen.

Rede von Gen.oberst Mielke – »Ritter der Revolution. Zum 100. Geburtstag des ersten Vorsitzenden der Tscheka. Von Generaloberst Erich Mielke, Mitglied des Politbüros des ZK der SED und Minister für Staatssicherheit.« Darin heißt es: »Niemals werden wir Wühl- und Zersetzungstätigkeit gegen den Sozialismus zulassen. [...] Feinde werden wie Feinde bekämpft. [...] Zugleich beachten wir in unserer Arbeit auch immer den Grundsatz Dzierzynskis, gewissenhaft zwischen eingeschworenen Feinden oder vom Gegner zeitweilig irregeleiteten Bürgern zu unterscheiden. Stets gehen wir davon aus, daß es im revolutionären Kampf zu der einen oder anderen Frage diese oder jene Meinung geben kann. [...] Es darf aber niemals dazu führen, daß man sich mit dem Klassenfeind verbündet.« (In: ND vom 10./11. 9. 1977, S. 9.)

31 CHRISTA WOLF AN FRANZ FÜHMANN, 15. 9. 77
T.: Hs. Original im FFA.

Kurt Sterns 70. Geburtstag – Die Wolfs waren mit Kurt Stern und sind mit seiner Frau Jeanne befreundet.

mit Kleist und Günderrode – »›Kein Ort. Nirgends‹ hab ich 1977 geschrieben. Das war in einer Zeit, da ich mich selbst veranlaßt sah, die Voraussetzungen von Scheitern zu untersuchen, den Zusammenhang von gesellschaftlicher Verzweiflung und Scheitern in der Literatur. Ich hab damals stark mit dem Gefühl gelebt, mit dem Rücken an der Wand zu stehn und keinen richtigen Schritt tun zu können. Ich mußte über eine gewisse Zeit hinwegkommen, in der es absolut keine Wirkungsmöglichkeit mehr zu geben schien. 1976 war ein Einschnitt in der kulturpolitischen Entwicklung bei uns, äußerlich markiert durch die Ausbürgerung von Biermann. [...] Eine Gruppe von Autoren wurde sich darüber klar, daß ihre direkte Mitarbeit in dem Sinne, wie sie sie selbst verantworten konnte und für richtig hielt, nicht mehr gebraucht wurde. Wir waren ja Sozialisten, wir lebten als Sozialisten in der DDR, weil wir dort uns einmischen, dort mitarbeiten wollten. Das reine Zurückgeworfensein auf die Literatur brachte den einzelnen in eine Krise; eine Krise, die existenziell war. Daraus ist bei mir unter anderem die Beschäftigung mit dem Material solcher Lebensläufe wie denen von Günderrode und Kleist entstanden. Das Problem am Gegenwartsmaterial zu bearbeiten, wäre mir gar nicht möglich gewesen [...]« (Christa Wolf, »Projektionsraum Romantik. Gespräch mit Frauke Meyer–Gosau«, in: C. W., »Die Dimension des Autors. Essays und Aufsätze. Reden und Gespräche 1959–1985«, Bd. II, Berlin und Weimar 1986, S. 422.)

32 FRANZ FÜHMANN AN KLAUS HÖPCKE, [20. 11. 77]
T: Durchschlag des ms. Originals im Archiv Christa Wolfs.
Bjelinski – Wissarion Belinski (1811–1848), russischer revolutionärer Demokrat, Literaturkritiker und Philosoph.
Aktuelle Kamera – Hauptnachrichtensendung des Deutschen Fernsehfunks.
Verfasser jenes »Vater Batti« – Bernhard Seeger, »Vatter Batti singt wieder« (Roman, 1972).
die Erzählungen von Hans Joachim Schädlich – »Versuchte Nähe« (Reinbek b. Hamburg 1977). Schädlich hatte seit 1969 versucht, seine Texte in der DDR zu veröffentlichen.
der Roman von Stefan Heym – »5 Tage im Juni« (München, Gütersloh, Wien, 1974).
Geschichten und Gedichte von Thomas Brasch – »Kargo. 32. Versuch, auf einem untergehenden Schiff aus der eigenen Haut zu kommen«, Prosa, Versch. (Frankfurt/M. 1977).
Stücke von Volker Braun – Z. B. »Lenins Tod« (1970, UA Ostberlin 1988).
das jüngste Buch von Jurek Becker – »Schlaflose Tage« (Roman, Frankfurt/M. 1978).
Seyppel – Joachim Seyppel (geb. 1919), Journalist, Erzähler. Germanistikdozent in den USA, später in der Bundesrepublik, übersiedelte 1972 in die DDR, 1976 Protest gegen die Ausbürgerung Biermanns, 1979 aus dem Schriftstellerverband der DDR ausgeschlossen, 1982 gegen seinen Willen ausgebürgert.
Heiner Müller – (geb. 1929), Dramatiker. Seine Stücke wurden lange Zeit in der DDR kaum gespielt, da man ihnen Geschichtspessimismus vorwarf. (Siehe auch die zweite Anm. zur Anlage von Brief 45.)
Harich – Wolfgang Harich (1923–1995), Philosoph, Publizist. Entwarf 1956 ein Programm zur radikalen Demokratisierung von Partei und Staat und zur sozialistischen Vereinigung Deutschlands, wegen »Bildung einer konspirativen staatsfeindlichen Gruppe« zu zehn Jahren Zuchthaus verurteilt, 1964 amnestiert, seit 1971 Hinwendung zu ökologischen Problemen, 1979–1981 Aufenthalt u. a. in Österreich, der Bundesrepublik, der Schweiz, Engagement in der Friedensbewegung, 1990 Kassation des Urteils von 1957.
Schneider – Rolf Schneider (geb. 1932), Schriftsteller. 1979 aus Schriftstel-

lerverband der DDR ausgeschlossen, Übersiedlung in die Bundesrepublik. Der Roman »November« (Hamburg 1979) behandelt die Vorgänge der Biermann–Ausbürgerung, er konnte in der DDR nicht erscheinen.
fürs nächste Frühjahr ... ein Schriftstellerkongreß – VIII. Schriftstellerkongreß der DDR (29.–31. Mai 1978).

33 FRANZ FÜHMANN AN CHRISTA UND GERHARD WOLF, 20. 12. 77
T: Ms. Original m. U. im Archiv Christa Wolfs.
Unterredung mit dem Hohen Herrn Professor – Prof. Kurt Hager (geb. 1912), seit 1955 Sekretär des ZK der SED (verantwortlich für Wissenschaft, Volksbildung und Kultur), seit 1963 Mitglied des Politbüros und Leiter der ideologischen Kommission beim Politbüro, seit 1976 Mitglied des Staatsrats. 1989 aus allen Ämtern ausgeschieden.
Schicksal ... des Offenen Briefs – Der Brief wurde damals nicht veröffentlicht, erschien erst im Heft 3/1990 von »Sinn und Form« mit einer Nachbemerkung von Klaus Höpcke. (Vgl. auch den Brief an Höpcke vom 1. 1. 78, in: F. F., »Briefe«, a. a. O., S. 250ff.) Es kursierten Abschriften des Briefes.
Herrn Minister Höpke – Von Fühmann immer so geschrieben, meint Klaus Höpcke.
Herrn Jacobus – Hans Jacobus, 1977–1989 Chefredakteur der Wochenzeitung »SONNTAG« des Kulturbundes der DDR.

34 FRANZ FÜHMANN AN CHRISTA WOLF, 6. 3. 78
T: Hs. Original (Kunstpostkarte: Carl Spitzweg, Der Sonntagsspaziergang) im Archiv Christa Wolfs.

35 CHRISTA WOLF AN FRANZ FÜHMANN, 18. 3. 78
T: Hs. Original (Briefkarte) im FFA.
nach England – Christa Wolf hielt dort Gastvorlesungen an der University of Edinburgh.
in Schweden – Sie nahm dort auf Einladung des internationalen PEN, außerhalb der offiziellen Delegation des PEN-Zentrums DDR, am PEN–Kongreß in Stockholm teil (Mai 1978), der unter dem Thema stand »Literatur in Verkleidung«.

36 CHRISTA WOLF AN FRANZ FÜHMANN, [Juni 78]
T: Hs. Original (Briefkarte) im FFA.
diese Rede – »Beispiele ohne Nutzanwendung. Stockholmer Rede«. (In: C. W., »Die Dimension des Autors«, Bd. II, a. a. O., S. 48–54.)
meine Lektorin – Sigrid Töpelmann, damals Lektorin im Aufbau–Verlag Berlin und Weimar.
1 Stück Deines Erzählungsbandes – Wahrscheinlich »Der Geliebte der Morgenröte« (Rostock 1978).

die Luchterhand–Leute – In der Bundesrepublik erschienen die Bücher
Christa Wolfs im Luchterhand Verlag.
Materialienbuch – »Christa Wolf Materialienbuch«. Hrsg. Klaus Sauer
(Darmstadt und Neuwied 1979). Fühmann hat keinen Beitrag geschrie-
ben.

37 FRANZ FÜHMANN AN CHRISTA WOLF, 20. 6. 78
T: Ms. Original m. U. im Archiv Christa Wolfs.
uns beide zu verbieten – Die Unterzeichner des Protestes gegen die
Ausbürgerung Biermanns wurden in der Folgezeit systematisch diffa-
miert, öffentliche Lesungen durften in der DDR nicht mehr stattfinden
oder wurden kurzfristig unter fadenscheinigen Gründen abgesagt. Z. B.
schreibt Fühmann: »Unendlicher Ärgerkrimskrams, [...] Verleumdungen so eine nach der andern, Kreiswüteriche heckten Verbote aus (die
mir wurscht gewesen wären, aber für so eine arme Bibliothekarin [...]
kanns eine Existenzfrage werden, und *da* muß man sich wehren).«
(Brief an Uwe Kolbe vom 28. 6. 78, in: F. F., »Briefe«, a. a. O., S. 273.)
Meine Lesereise – Eine Lesereise durch Süddeutschland.
nach Neu Meteln zu kommen – Dort befand sich das Sommerhaus der
Wolfs in Mecklenburg.

38 CHRISTA WOLF AN FRANZ FÜHMANN, 25. 6. 78
T: Durchschlag des ms. Originals m. U. im Archiv Christa Wolfs.
vor vier Jahren … in USA – 1974 war Christa Wolf Writer in Residence
am Oberlin College, Ohio.
Günderrode in einem Nachwort verewigen – Karoline von Günderrode, »Der Schatten eines Traumes. Gedichte, Prosa, Briefe, Zeugnisse
von Zeitgenossen«. Hrsg. und mit einem Essay von Christa Wolf (Berlin 1979).
Sarah – Sarah Kirsch.

39 FRANZ FÜHMANN AN CHRISTA WOLF, 23. 7. 78
T: Ms. Original m. U. und hs. Nachschrift im Archiv Christa Wolfs.
Ingrid Krüger – Außenlektorin des Luchterhand Verlages, zuständig
für DDR-Literatur.
die wilde Jagd heult – In der Nähe von Märkisch Buchholz befand sich
ein Truppenübungsplatz der NVA mit Tiefffliegern.
Hermann Kant hat mir einen blöden Brief geschrieben – Vgl. Fühmanns
Antwortbrief an Kant vom 25. 6. 78 (in: F. F., »Briefe«, a. a. O., S. 272).
Delegierungsfarce – Ausführlich von Fühmann in einem Brief an Anna
Seghers vom 18. 5. 78 geschildert (ebd., S. 261ff.). Fühmann wäre als
Mitglied des Vorstandes des Schriftstellerverbandes automatisch Dele-
gierter zum Kongreß gewesen. Sein Name erschien jedoch nicht auf der
in der Presse veröffentlichten Liste der Delegierten, statt dessen erhielt

er eine Einladung als Gast, die er zurückwies. Außerdem wurde verbreitet, daß er zum Kongreß nicht delegiert worden sei, weil er »es (demonstrativ) vorzöge, zu dessen Zeit in der imperialistischen BRD zu lesen« (ebd., S. 263).
Sarah – Sarah Kirsch.

40 FRANZ FÜHMANN AN CHRISTA WOLF, [nach 23. 7. 78]
T: Ms. Original mit hs. Gruß und U. im Archiv Christa Wolfs.
Wolfgang Schreyer – (geb. 1927), Roman-, Film- und Fernsehautor.
Werner Hey. in Sachen E. L. – Es ging um das Verbot von Erich Loests Roman »Es geht seinen Gang oder Mühen in unserer Ebene«. »Hey.« meint Werner Heiduczek (geb. 1926), dessen Roman »Tod am Meer« ebenfalls im Juni 1978 verboten wurde. Fühmann irrte sich bei Absender und Adressat des Briefes. (Vgl. Brief 41 sowie die Richtigstellung Heiduczeks und den Brief Wolfgang Schreyers an Eberhard Günther vom 20. 7. 1978 in »Sinn und Form«, Heft 4/1994, S. 605–610.)
HV – Hauptverwaltung Verlage und Buchhandel beim Ministerium für Kultur, verantwortlich für Druckgenehmigungen.
MdI – Ministerium des Innern.
MSF – Wahrscheinlich MfS (Ministerium für Staatssicherheit) gemeint.
2711 – Postleitzahl von Neu Meteln.
eine neue Geschichte – »Der Haufen« aus der späteren Sammlung »Saiäns-Fiktschen« (Rostock 1981).

41 FRANZ FÜHMANN AN CHRISTA WOLF, 14. 8. 78
T: Ms. Original m. U. im Archiv Christa Wolfs.
an den Verleger H.s – Eberhard Günther (geb. 1931), seit 1973 Leiter des Mitteldeutschen Verlages Halle/Sa.

42 FRANZ FÜHMANN AN CHRISTA UND GERHARD WOLF, [Ende Dezember 78]
T: Hs. Original (Kunstpostkarte: Carl Spitzweg, Der Sterngucker) im Archiv Christa Wolfs.

43 CHRISTA UND GERHARD WOLF AN FRANZ FÜHMANN, 28. 12. 78
T: Hs. Original (Kunstpostkarte: Toshusai Sharaku, Brustbild eines Schauspielers als Samurai) im FFA.
wie anstrengend es ist, böse zu sein – Anspielung auf Bertolt Brechts Gedicht »Die Maske des Bösen«.

44 FRANZ FÜHMANN AN CHRISTA UND GERHARD WOLF, [Anfang 79]
T: Hs. Original (Postkarte) im Archiv Christa Wolfs.

45 FRANZ FÜHMANN AN CHRISTA WOLF, 23. 5. 79
T: Ms. Original m. U. und Skizze auf der Rückseite im Archiv Christa Wolfs.

Dein neues Buch – »Kein Ort. Nirgends« (1979).
Anbiedereien von Leuten à la Dr. Bilke – Jörg Bernhard Bilke, »Die Zeit vor dem Selbstmord. Christa Wolf spekuliert über die Begegnung zwischen Kleist und Günderrode«. Es heißt u. a.: »Aber, was man hier herauslesen kann, ist die Warnung vor dem materialistischen Ungeist der Zeit, der freilich im SED-Staat, und nicht nur dort, starke Blüten treibt. [...] Die ›DDR‹-Germanisten werden Mühe haben, solche Stellen zu entschärfen.« (In: Die Welt (Hamburg) vom 14. 4. 79, Beilage S. 5.)
Dem Herrn Noll... nun auch nicht mehr die Hand geben können – Dieter Noll (geb. 1927), Schriftsteller, hatte einen Brief an Erich Honecker geschrieben, der von diesem veröffentlicht wurde. Darin heißt es: »Die gesetzlichen Verordnungen, die sich gegen die subversive Tätigkeit der feindlichen Massenmedien richten, [...] wurden von mir und meinen Freunden mit Genugtuung zur Kenntnis genommen. Und ich möchte Ihnen versichern, daß die übergroße Mehrheit meiner Berufskollegen dies ebenso sieht wie ich. Einige wenige kaputte Typen wie die Heym, Seyppel oder Schneider, die da so emsig mit dem Klassenfeind kooperieren, um sich eine billige Geltung zu verschaffen, weil sie offenbar unfähig sind, auf konstruktive Weise Resonanz und Echo bei unseren arbeitenden Menschen zu finden, repräsentieren gewiß nicht die Schriftsteller unserer Republik.« (In: ND vom 22. 5. 79, S. 4.)
unter etwas merkwürdigen Sicherungsumständen – Fühmann war, wie man heute weiß, zunehmend der Observation durch Organe der Staatssicherheit ausgesetzt, Post ging verloren oder traf verspätet ein. Er schrieb z. B. ironisch: » [...] ich weiß bis jetzt von 10 Stück Post, die nicht angekommen sind [...]. Nun, wahrscheinlich ist es der Schnee gewesen, und die Kälte, und was Post in oder von der BRD angeht, so weiß man ja, daß dort der Nachrichtendienst alles durchliest, dabei wird dann wohl auch was verschwinden.« (Brief an Manfred Steingans vom 28. 2. 79, zitiert nach: Hans Richter, »Franz Fühmann – Ein deutsches Dichterleben«, Berlin und Weimar 1992, S. 324.)

[Anlage:] FRANZ FÜHMANN AN ERICH HONECKER, 17. 5. 79
T: Durchschlag des ms. Originals im Archiv Christa Wolfs.
Maßnahmen gegen Stefan Heym – Stefan Heyms Roman »Collin« war im Frühjahr 79 ohne Genehmigung des Büros für Urheberrechte der DDR in der Bundesrepublik veröffentlicht worden. Heym wurde daraufhin wegen Devisenvergehens zu einer Geldstrafe von 9.000 M verurteilt. In der Folge verschärfte man das Gesetz und schuf die sog. »Lex Heym« (Vgl. die zweite Anm. zu Brief 51.)
Heiner Müllers »Umsiedlerin« – Die Uraufführung (30. 9. 61) des Stük-

kes »Die Umsiedlerin oder Das Leben auf dem Lande« an der Studentenbühne der Hochschule für Ökonomie in Berlin unter der Regie von B. K. Tragelehn führte zu gravierenden kulturpolitischen Auseinandersetzungen: das Stück wurde als »konterrevolutionär, antikommunistisch und antihumanistisch« kritisiert, Heiner Müller wurde in der Folge aus dem Schriftstellerverband ausgeschlossen, seine Stücke mehrere Jahre nicht mehr in der DDR gespielt, Tragelehn fristlos entlassen, aus der SED ausgeschlossen und »zur Bewährung« in den Tagebau Senftenberg geschickt. Fühmann selbst hatte das Stück damals als »mißlungen« bezeichnet. (Die Aufführungs- und Wirkungsgeschichte ist ausführlich dokumentiert in: »Sinn und Form«, Heft 3/1991, S. 429 bis 486. Ebd. die Stellungnahme Fühmanns, S. 470f.)

Eislers Oper vom »Doktor Faustus« – Hanns Eisler (1898–1962), Komponist. Sein Opernlibretto »Johann Faustus« wurde zunächst von Ernst Fischer überschwenglich im Heft 6/1952 von »Sinn und Form« gelobt, danach erschien auf Anregung von Johannes R. Becher eine kritische Besprechung von Wilhelm Girnus im ND vom 14. 5. 53. Das Werk wurde auf drei Sitzungen der Akademie der Künste diskutiert und vor allem von Alexander Abusch als »Zurücknahme« des Goethischen Faust angegriffen. Brecht verteidigte das Libretto, Eisler geriet jedoch in eine Krise und komponierte die Oper nicht. (Ausführlich referiert in: Werner Mittenzwei, »Das Leben des Bertolt Brecht oder Der Umgang mit den Welträtseln«, Berlin und Weimar 1986, Bd. 2, S. 465ff.)

Die Kulturpolitik des 8. Parteitags – Nach dem Rücktritt von Walter Ulbricht leitete der VIII. Parteitag der SED (15.–19. 6. 1971) eine Liberalisierung in der Kulturpolitik ein.

die meine, als Essay – Der Offene Brief an Klaus Höpcke.

46 CHRISTA WOLF AN FRANZ FÜHMANN, 24. 5. 79
T: Durchschlag des ms. Originals mit hs. Nachschrift im Archiv Christa Wolfs.
Hier lagert die Auflage ... bei LKG – Die Lager des Leipziger Kommissions- und Großbuchhandels, der zentralen Auslieferung für die DDR, waren damals auf EDV-Technik umgestellt worden, was lange Zeit zusätzlicher Anlaß für Lieferschwierigkeiten der Verlage an den Buchhandel war.
Ich schick meinen Brief mal uneingeschrieben – Da auch von Christa Wolf viele Briefe »verlorengingen« oder lange unterwegs waren, schickte sie wichtige Mitteilungen per Einschreiben.

[Anlage:] CHRISTA WOLF AN HENRYK KEISCH, 23. 5. 79
T: Durchschlag des ms. Originals im Archiv Christa Wolfs.
Henryk Keisch – (1913–1986), Lyriker, Erzähler, Publizist, 1974–1985 Generalsekretär des PEN-Zentrums DDR.

jenes Kommentars – Der Kommentar stand am 15. 5. 79 unter der Überschrift »Er verletzte Geist und Buchstaben von Helsinki« im ND und unter »Konsequenz einer Gesetzesverletzung« in der Berliner Zeitung, es heißt dort: »Weil er vorsätzlich die Gesetze unseres Landes verletzt hat, wurde gestern dem Korrespondenten des Zweiten Deutschen Fernsehens (ZDF) der BRD Peter van Loyen die Akkreditierung in der DDR entzogen. Im Außenministerium wurde ihm mitgeteilt, daß er die DDR binnen 24 Stunden zu verlassen habe. Ganz offensichtlich wollte Herr van Loyen in höherem Auftrag testen, was sich ein BRD-Korrespondent in der DDR alles erlauben kann. So begab er sich in voller Kenntnis der ›Verordnung über die Tätigkeit von Publikationsorganen anderer Staaten und deren Korrespondenten in der DDR‹ vom 21. Februar 1973 und der Durchführungsbestimmung vom 11. April 1979 zu einem konspirativen Treff mit dem ehemaligen USA-Bürger Stefan Heym, der die Staatsbürgerschaft der DDR besitzt, um ohne die dafür notwendige Genehmigung ein Interview aufzunehmen. Am 12. Mai wurde es vom ZDF ausgestrahlt. Ermittlungen unserer Zollbehörden gegen Stefan Heym wegen Verletzung der Zoll- und Devisenbestimmungen sind kein Alibi für die Handlungsweise Herrn van Loyens. Auch der BRD-Zoll wacht schließlich sehr sorgfältig über die Einhaltung der dortzulande geltenden Bestimmungen.« (Berliner Zeitung vom 15. 5. 79, S. 2.)

Am 11. April 79 war die Genehmigungspflicht für »Interviews und Befragungen jeder Art« durch ausländische Journalisten bekanntgegeben worden. Stefan Heym hatte in dem Interview u. a. erklärt: »Sie reden von Devisen, es geht aber um das Wort. Es geht um die Freiheit der Literatur, auch in diesem Lande, auch im Sozialismus.« (Zit. nach: »In Sachen Biermann«, a. a. O., S. 391.) Heym hat diese Ereignisse ausführlich geschildert in: »Nachruf« (München 1988).

[Anlage:] CHRISTA WOLF AN KURT HAGER, 23. 5. 79
T: Durchschlag des ms. Originals m. U. im Archiv Christa Wolfs.

[Ergänzung:] HENRYK KEISCH AN CHRISTA WOLF, 1. 6. 79
T: Ms. Original m. U. im Archiv Christa Wolfs.
Kamnitzer – Heinz Kamnitzer (geb. 1917), Publizist und Essayist, 1970–1989 Präsident des PEN-Zentrums DDR.
Cwojdrak – Günther Cwojdrak (1923–1991), Publizist und Essayist. 1967–1991 im Präsidium des PEN-Zentrums DDR / Deutsches PEN-Zentrum (Ost).
Raddatz – Fritz J. Raddatz (geb. 1931), Literaturwissenschaftler, Kritiker, Autor. Damals Feuilletonchef der ZEIT (Hamburg).

[Ergänzung:] CHRISTA WOLF AN HENRYK KEISCH, 17. 6. 79
T: Durchschlag des ms. Originals m. U. im Archiv Christa Wolfs.

47 FRANZ FÜHMANN AN KONRAD WOLF, 8. 6. 79
T: Durchschlag des ms. Originals m. U. und Postscriptum im Archiv
Christa Wolfs.
Peter Rühmkorf – (geb. 1929), Lyriker, Essayist.
die Stelle in Ihrem Referat – »Kunst im Kampf gegen Faschismus – heute
und gestern«. Der Abschnitt lautet: »Bei allem Abscheu vor jenen fa-
schistischen Gruppierungen in der BRD, in Italien und anderen kapitali-
stischen Ländern müssen wir uns darüber im klaren sein, daß die Hauptgefahr in jener Tendenz liegt, die ich den ›normalen‹ Faschismus
nennen möchte. Seine Symptome sind die Urteile im Majdanek-Prozeß,
die Verwendung von Reisedokumenten für die Anlage von schwarzen
Listen, die Verjährungsdebatte, die Vorschläge an die Bewohner der sozialistischen Länder, durch Reformen die Selbstauflösung des Staat gewordenen Sozialismus zu betreiben. Auf diesen Wegen fließt gegenwärtig Antisowjetismus und Antikommunismus in die ›normale‹ Politik
ein. Und eben an diesem Punkt setzt der Gegner mit ideologischem Raf-
finement an.« (ND vom 9. 5. 79, S. 3.) Fühmann war diese Stelle so wichtig, daß er die Abschrift einem Brief an Christa Wolf beilegte.
zu diesem »*Appell*« – Der Appell wurde auf der Tagung »Kunst im
Kampf gegen den Faschismus – heute und gestern« der Akademie der
Künste der DDR am 7. 5. 1979 verlesen. (Veröffentlicht in: SONNTAG
[Berlin] vom 20. 5. 79.)
So ein vornehmes Referat – Plenartagung der Akademie der Künste
zum Thema »Kunst und Öffentlichkeit in der sozialistischen Gesellschaft« am 12. 12. 1978, Referat Robert Weimann.
eine Meldung über den Ausschluß von acht Kollegen – Am 16. Mai 1979
schrieben acht Schriftsteller einen Brief an Erich Honecker. Es heißt dort:
»[...] mit wachsender Sorge verfolgen wir die Entwicklung unserer Kulturpolitik. Immer häufiger wird versucht, engagierte, kritische Schriftsteller zu diffamieren, mundtot zu machen oder, wie unseren Kollegen
Stefan Heym, strafrechtlich zu verfolgen. Der öffentliche Meinungsstreit
findet nicht statt. Durch die Koppelung von Zensur und Strafgesetzen
soll das Erscheinen kritischer Werke verhindert werden. Wir sind der
Auffassung, daß der Sozialismus sich vor aller Öffentlichkeit vollzieht; er
ist keine geheime Verschlußsache. Über seine Erfolge und Niederlagen,
das heißt über unsere Erfahrungen, zu schreiben, halten wir für unsere
Pflicht und unser Recht. Wir sind gegen die willkürliche Anwendung von
Gesetzen; Probleme unserer Kulturpolitik sind mit Strafverfahren nicht
zu lösen.« (Zit. nach: »Protokoll eines Tribunals«, a. a. O., S. 65.)
Unterzeichner: Kurt Bartsch, Jurek Becker, Adolf Endler, Erich Loest,
Klaus Poche, Klaus Schlesinger, Dieter Schubert, Martin Stade.
Am 6. Juni fand eine Versammlung im Leipziger Schriftstellerverband
statt, in der Loest eine strenge Rüge erhielt; für einen Ausschluß fand
sich keine Mehrheit. Loest trat 1980 aus und verließ 1981 die DDR.

Am 7. Juni fand die Sitzung des Berliner Schriftstellerverbandes statt, auf der Kurt Bartsch, Adolf Endler, Stefan Heym, Karl-Heinz Jakobs, Klaus Poche, Klaus Schlesinger, Rolf Schneider, Dieter Schubert und Joachim Seyppel aus dem Verband ausgeschlossen wurden. Jurek Becker und Martin Stade hatten den Verband bereits 1977 bzw. 1978 verlassen. (Ausführlich dokumentiert ebd.)
Franz Fühmann bat das Präsidium des Schriftstellerverbandes in einem Brief vom 10. 6. 79, den Ausschluß nicht zu bestätigen. (F. F., »Briefe«, a. a. O, S. 306f.)

48 CHRISTA WOLF AN DAS PRÄSIDIUM DES SCHRIFTSTELLERVERBANDES, 10. 6. 79
T: Durchschlag des ms. Originals m. U. im Archiv Christa Wolfs.
Hermann Kant zitiert – Referat Hermann Kants auf der Tagung des Vorstandes des Schriftstellerverbandes (30. 5. 79). Es hießt u. a.: »Ist es Kritik, wenn Seyppel den Verbandspräsidenten in einem Brief des ›Opportunismus, Karrierismus, der Liebedienerei, Schönfärberei, des tiefsitzenden Stalinismus mit seinen neostalinistischen Spielarten‹ bezichtigt? Ist es Kritik, wenn der nämliche Seyppel in einem Schreiben an den Akademiepräsidenten behauptet, Biermann und Havemann seien ›Opfer deswegen, weil sie Kommunisten sind‹ und weiter: ›nach der Logik freilich der Bürokratie, sind auch Kommunisten verdächtig, wenn diese selber denken‹. Ist es Kritik, wenn immer noch dieser Seyppel einen Kollegen unter Faschismusverdacht stellt, weil in einem Gedicht von ihm von ›Gräsern‹ und ›Boden‹ die Rede ist? [...] Wann war Heyms Spiel fair und wann war es foul – als er erklärte, er sei keiner Kommunistischen Partei beigetreten, weil er nicht Dinge wie den Hitler-Stalin-Pakt mit den Händen an der Hosennaht habe billigen wollen, oder als er in seinen ersten Verbandsfragebogen schrieb, er sei von 36 bis 39 Mitglied der Kommunistischen Partei der USA gewesen?« (In: »Protokoll eines Tribunals«, a. a. O., S. 107ff.)
Christa Wolf hat später mehrmals im Schriftstellerverband die Rehabilitierung der ausgeschlossenen Kollegen gefordert. (Vgl.: »Einspruch. Rede vor dem Schriftstellerverband«, in: C. W., »Reden im Herbst«, Berlin und Weimar 1990, S. 128ff.)

49 CHRISTA WOLF AN FRANZ FÜHMANN, 27. 6. 79
T: Durchschlag des ms. Originals m. U. im Archiv Christa Wolfs.
mit meinem Büchlein – »Fortgesetzter Versuch. Aufsätze, Gespräche, Essays« (Leipzig 1979).
Vor-Beispiel zum Hoffmannschen MaschinenMenschen – »Freund, ich möchte gern heute aus mir selbst heraus [...] ich möchte mich durch die MückenKolonne, durch die MaschinenMenschen, die mich umlagern mit platten Gemeinplätzen, gern durchschlagen – gewaltsam allen-

falls«, zitiert Fühmann einen Brief E. T. A. Hoffmanns aus dem Jahr 1796 in seinem Rundfunkvortrag »Ernst Theodor Wilhelm Amadeus Hoffmann«. (In: F. F., »Essays«, a. a. O., S. 241.)

Dein Büchlein über E. T. A. Hoffmann – »Fräulein Veronika Paulmann aus der Pirnaer Vorstadt oder Etwas über das Schauerliche bei E. T. A. Hoffmann« (Rostock 1979).

diesen Bulgakow – Wie sehr auch Fühmann Bulgakows Roman »Meister und Margarita« schätzte, belegen vor allem seine zahlreichen Anspielungen in »Zweiundzwanzig Tage oder die Hälfte des Lebens« (Rostock 1973).

Ich nage zur Zeit an gleichen Kloben – Die Arbeit an »Nun ja! Das nächste Leben geht aber heute an. Ein Brief über die Bettine«, Nachwort zu: Bettine von Arnim, »Die Günderrode« (Leipzig 1981).

die letzten Prosaarbeiten der Bachmann – Ausführlich sollte sie darauf eingehen in der »Vierten Frankfurter Vorlesung« (in: C.W., »Voraussetzungen einer Erzählung: Kassandra«, Darmstadt und Neuwied 1983).

Gretchens und Klärchens Schicksal – Fühmann hatte geschrieben: »Hat man bemerkt, daß die Hoffmannsche Zunft der jungen Mädchen, diese Antipoden der ja auch gut bürgerlichen Lottchen, Klärchen, Gretchen und Käthchen, die von Marx definierte Bourgeoisie im Idealzustand ist. [...] Sie denken bei ihren Heiratsplänen nicht an den Mann, sondern an dessen Karriere«. (»Fräulein Veronika Paulmann«, a. a. O., S. 368.)

eine große Sehnsucht... nach dem, was bleibt – Die Formulierung »was bleibt« ist nicht zufällig. Christa Wolf schrieb im Juni/Juli 1979 die erste Fassung der Erzählung »Was bleibt«, die im November 1989 überarbeitet wurde und 1990 erschien.

50 Franz Fühmann an Christa Wolf, 3.7.79
T: Ms. Original mit hs. Dank u. U. im Archiv Christa Wolfs.
Deinen Essay über die Günderrode – »Der Schatten eines Traumes. Karoline von Günderrode – ein Entwurf«, Vorwort zu: Karoline von Günderrode, »Der Schatten eines Traumes«, a. a. O.
Strauss – David Friedrich Strauss (1808–1874), Schriftsteller und Philosoph.

51 Franz Fühmann an Christa Wolf, 19.7.79
T: Ms. Original m. U. im Archiv Christa Wolfs.
Marsha – Enkelin Fühmanns.

mit dem neuen Gesetzblatt – »Gesetz zur Änderung und Ergänzung straf- und strafverfahrensrechtlicher Bestimmungen und des Gesetzes zur Bekämpfung von Ordnungswidrigkeiten (3. Strafrechtsänderungsgesetz) vom 28. Juni 1979«. In diesem Gesetz wurden »Staatsfeindliche Hetze« (§ 106), »Verfassungsfeindlicher Zusammenschluß« (§ 107),

»Ungesetzliche Verbindungsaufnahme« (§ 219) und »Öffentliche Herabwürdigung« (§ 220) unter hohe Freiheitsstrafen gestellt. In § 219 heißt es z. B.: »(1) Wer zu Organisationen, Einrichtungen oder Personen, die sich eine gegen die staatliche Ordnung der Deutschen Demokratischen Republik gerichtete Tätigkeit zum Ziele setzen, in Kenntnis dieser Ziele oder Tätigkeit in Verbindung tritt, wird mit Freiheitsstrafe bis zu fünf Jahren, Verurteilung auf Bewährung oder mit Geldstrafe bestraft. (2) Ebenso wird bestraft

1. wer als Bürger der Deutschen Demokratischen Republik Nachrichten, die geeignet sind, den Interessen der Deutschen Demokratischen Republik zu schaden, im Ausland verbreitet oder verbreiten läßt oder zu diesem Zweck Aufzeichnungen herstellt oder herstellen läßt;

2. wer Schriften, Manuskripte oder andere Materialien, die geeignet sind, den Interessen der Deutschen Demokratischen Republik zu schaden, unter Umgehung von Rechtsvorschriften an Organisationen, Einrichtungen oder Personen im Ausland übergibt oder übergeben läßt. (3) Der Versuch ist im Falle des Absatzes 2 Ziffer 2 strafbar.« (In: »Gesetzblatt der Deutschen Demokratischen Republik«, Berlin, den 2. Juli 1979, Teil I Nr. 17, S. 144.)

diese kleine Zeitschrift – »Connaissance de la RDA« (Paris). In Nr. 8 (Mai 1979) waren zwei Gedichte Fühmanns und ein Gespräch mit Jacqueline Benker-Grenz erschienen.

52 FRANZ FÜHMANN AN CHRISTA WOLF, 24. 7. 79
T: Ms. Original mit hs. Zusatz (»*…*«) und U. im Archiv Christa Wolfs.
Claus Träger – (geb. 1927), Literaturwissenschaftler, damals Lehrstuhlinhaber für Germanistik und Literaturwissenschaft an der Karl-Marx-Universität, Leipzig.
eine Wende à la 1972 – 1972 schien sich nach dem 6. Plenum des ZK der SED eine Liberalisierung der Kulturpolitik anzudeuten. Kurt Hager hatte damals erklärt: »Die unveräußerlichen Grundlagen sozialistisch-realistischen Kunstschaffens […] sind eine sichere Grundlage, um zunehmend die ganze Spannweite aller schöpferischen Möglichkeiten in der Kunst des sozialistischen Realismus, um eine reiche Vielfalt der Themen, Inhalte, Stile, Formen und Gestaltungsweisen zu erschließen.« (In: »6. Tagung des ZK der SED 6./7. Juni 1972, Kurt Hager, Zu Fragen der Kulturpolitik«, Berlin 1972, S. 33.)
Bring bloß den Artikel mit – Claus Träger, »Über Schriftstellerei« (Leipziger Volkszeitung vom 7./8. Juli 1979), darin heißt es: »Wer mag schon Vertrauen haben zu Leuten, denen die Kulturpolitik des VIII. Parteitages, die […] ›freieste‹ und zugleich prinzipiellste, die es je in deutscher Geschichte gegeben hat, in wenigen Jahren ganze Bestsellerserien verschaffte und die zur selben Zeit mit ersonnenen ›Maulkörben‹ vor der ›freien‹ Welt und in der unfreien ›Zeit‹ paradieren.«

ich hab ... ein bestimmtes Privatverhältnis – Fühmann setzt sich in einem Brief an Träger vom 12. 1. 80 mit dessen Artikel auseinander (in: F. F., »Briefe«, a. a. O., S. 315ff.).

mein Bergwerk-Buch – Den Plan zu diesem Buch gab es schon seit 1974, ursprünglich sollte es das Gegenstück zum Ungarn-Tagebuch werden. Die erste Einfahrt in ein Bergwerk war für ihn zu einem Grunderlebnis geworden.»Während der Ausfahrt hatte meine jähe Gewißheit, daß die Welt unter Tage mein Ort sei, eine [...] neue Dimension gewonnen: Ich hätte nicht nur, so begann ich zu ahnen, endlich meine Landschaft gefunden; sie wäre [...] zugleich ein günstiger Ort, über Fragen nachzudenken, die mich immer quälender bedrängten [...]« (F. F., »Im Berg. Texte und Dokumente aus dem Nachlaß«. Hrsg. Ingrid Prignitz, Rostock 1993, S. 27f.) Ingrid Prignitz, Fühmanns langjährige Lektorin beim Hinstorff Verlag, hat die komplizierte Genese des »Bergwerk«-Projektes ausführlich beschrieben (ebd., S. 309–318).

53 FRANZ FÜHMANN AN CHRISTA WOLF, 28. 8. 79
T: Hs. Original im Archiv Christa Wolfs.
das Interview – »Ich bin schon für eine gewisse Maßlosigkeit«. Gespräch mit Wilfried F. Schoeller (in: Süddeutsche Zeitung (München) vom 10./11. 3. 1979).

54 FRANZ FÜHMANN AN CHRISTA WOLF, [vor 14. 12. 79]
T: Hs. Original (Bildpostkarte) im Archiv Christa Wolfs.

55 FRANZ FÜHMANN AN CHRISTA UND GERHARD WOLF, 14. 12. 79
T: Hs. Original m. U. und hs. Zusatz im Archiv Christa Wolfs.
die Abschrift von dem TRAKL-Ding – Der Essay war ursprünglich als Vor- oder Nachwort zu einer Ausgabe der Dichtungen Georg Trakls für den Verlag Philipp Reclam jun. Leipzig gedacht. Erschien in einer gekürzten und bearbeiteten Fassung u. d. T. »Der Wahrheit nachsinnen – Viel Schmerz. Gedanken zu Georg Takls Gedicht« (Leipzig 1981) und vollständig u. d. T. »Vor Feuerschlünden. Erfahrung mit Georg Trakls Gedicht« (Rostock 1982).
Es handelt sich um eine Fassung, die später überarbeitet wurde.
Da es keine Kopiermöglichkeiten in der DDR gab, wurden Schreibmaschinendurchschläge weitergegeben.
Konrad Paule Verner – Zusammenziehung aus Paul Verner (1959–1971 Erster Sekretär der SED-Bezirksleitung Berlin, seit 1971 Mitglied und 1984 stellvertretender Vorsitzender des Staatsrats, 1984 Rücktritt) und Konrad Naumann (1971–1985 Erster Sekretär der SED-Bezirksleitung Berlin, 1973–1976 Kandidat, 1976–1985 Mitglied des Politbüros, 1984/85 Sekretär des ZK der SED, 1984–1986 Mitglied des Staatsrats).

56 CHRISTA UND GERHARD WOLF AN FRANZ FÜHMANN, 15. 1. 80
T: Hs. Original (Kunstpostkarte: Henri Matisse, Goldfische) im FFA.

57 FRANZ FÜHMANN AN CHRISTA WOLF, 31. 1. [80]
T: Hs. Original (Postkarte: Breite Straße – an der Wehrbrücke – An der Dahme) im Archiv Christa Wolfs.

ich wollte Dich heute sehn – »Christa Wolf. Vorarbeiten zu einem Porträt« von Wilfried F. Schoeller, ARD (Erstsendung am 9. 3. 1979, WDR).
wegen Afghanistan – Am 25. Dezember 1979 waren sowjetische Truppen in Afghanistan einmarschiert.

58 FRANZ FÜHMANN AN CHRISTA UND GERHARD WOLF, 8. 2. 80
T: Hs. Original (Kunstpostkarte: Pieter Bruegel d. Ä., Die Blinden) im Archiv Christa Wolfs.

Akademie-Vortrag – Es war eine Vorlesungsreihe zum Thema »Faschismus-Antifaschismus« geplant, die nicht durchgeführt wurde. Fühmann sollte dann seinen Vortrag in der »Stunde der Akademie« halten.

59 CHRISTA WOLF AN FRANZ FÜHMANN, 15. 3. 80
T: Hs. Original (Briefkarte) im FFA.

»Das Duell« – Aus dem Erzählungsband »Saiäns-Fiktschen« (Rostock 1981).
»Kleiner Ausflug nach H.« – Die Literatursatire, die die Forderung nach dem »neuen Menschen« und seine schematische Gestaltung in der Gegenwartsliteratur karikiert, konnte erst 1989 in der DDR erscheinen und wurde daher zuerst in der Bundesrepublik publiziert (C. W., »Gesammelte Erzählungen«, Darmstadt und Neuwied 1980).
Gerti Tetzner – (geb. 1936) Erzählerin und Jugendbuchautorin.
Manuskript über Bettina v. Arnim – »Nun ja! Das nächste Leben geht aber heute an. Ein Brief über die Bettine«, Nachwort zu: Bettina von Arnim, »Die Günderrode« (Leipzig 1981).
Wir trinken nicht, erfinden auch nicht den Reißverschluß – Anspielung auf die Erzählung »Das Duell«, in der der Held nach einem Versuch des Aufbegehrens resigniert und, statt zu forschen, nützliche Dinge neuerfindet, z. B. den Reißverschluß. »Das Trinken blieb; er brach nicht mehr aus, doch er erfand auch den Reißverschluß nicht mehr.« (F. F., »Saiäns-Fiktschen. Erzählungen«, Rostock 1981, S. 129.)
unsere griechischen Freunde – Carola und Thomas Nicolaou (griechischer Emigrant, der in der DDR lebte, Autor und Übersetzer). War, wie sich 1992 aus Akteneinsicht ergab, vom MfS auf die Wolfs angesetzt.

60 CHRISTA UND GERHAD WOLF AN FRANZ FÜHMANN, 31. 3. 80
T: Hs. Original (Postkarte: Knossos. Eine Halle des westl. Flügels des Palastes, über dem Thron) im FFA.

61 Franz Fühmann an Christa und Gerhard Wolf, 15. 5. 80
T: Hs. Original (Kunstpostkarte: Klaus Staeck/Rolf Staeck, Der reale
Sozialismus) im Archiv Christa Wolfs.
4 Wochen rumgezogen – Eine Lesereise durch die Bundesrepublik und
die Schweiz.
meinen Vortrag in der Aka – Der geplante Vortrag zum Thema »Faschismus-Antifaschismus« in der Veranstaltungsreihe »Stunde der Akademie«. Nicht realisiert.

62 Franz Fühmann an Christa und Gerhard Wolf, 25. 5. 80
T: Hs. Original (Postkarte: Volkswagenstadt Wolfsburg) im Archiv
Christa Wolfs.
wo sich der Golfstrom in den Sozialismus ergießt – Die DDR hatte damals begonnen, Autos zu importieren, vor allem Golfs.
das Interview unseres verehrten Ministers – »Wer sich nicht selbst ab-
schreibt … Über das literarische Leben im anderen deutschen Staat. Ein
Gespräch mit dem Stellvertreter des Ministers für Kultur in der DDR«
(in: DIE ZEIT (Hamburg) vom 16. 5. 1980, S. 16).
hier ist ein wunderbares Publikum – Fühmann besuchte auf der Lesereise u. a. Wolfsburg, Braunschweig, Hannover, Basel, Biel, Zürich.

63 Franz Fühmann an Christa Wolf, 29. 6. 80
T: Hs. Original (Kunstpostkarte: Zillis/Graubünden/St. Martinskir-
che. Romanische Bilderdecke um 1140) im Archiv Christa Wolfs.
ich freu mich für Dich – Christa Wolf war der Georg-Büchner-Preis der
Deutschen Akademie für Sprache und Dichtung, Darmstadt, zuge-
sprochen worden.

64 Christa Wolf an Franz Fühmann, 2. 7. 80
T: Hs. Original (Briefkarte) im FFA.
eine Rede – »Von Büchner sprechen. Darmstädter Rede« (in: C. W.,
»Die Dimension des Autors«, a. a. O., S. 155–169).
aus so vieler Herren Länder – Meint die Lesereise durch die Bundesrepublik und die Schweiz.
mit uns … nach Dänemark zu reisen – Der dänische Schriftstellerverband hatte diese Autoren (bis auf Paul Wiens) namentlich eingeladen.
de Bruyn – Günter de Bruyn (geb. 1926), Romanautor und Essayist.
Wiens – Paul Wiens (1922–1982), Lyriker. 1981–1982 Chefredakteur
der Zeitschrift »Sinn und Form«.
Volker Braun – (geb. 1939), Lyriker, Dramatiker, Erzähler.
Sarah – Sarah Kirsch.
Klaus – Klaus Schlesinger (geb. 1937), Erzähler. Nach Ausschluß aus
dem Schriftstellerverband im März 1990 mit Ein- und Ausreisevisum
nach Westberlin übergesiedelt. Er berichtet über diesen Besuch Füh-

manns: »Am Vormittag Franz Fühmann zu Besuch [...] Die merkwürdige Zusammensetzung unserer Runde. Franz mit blauem Paß und
Wohnort DDR. Ich mit blauem Paß und Wohnort Westberlin. Sarah
mit (grünem) Westberliner Ausweis, die nicht in die DDR kann. [...] Die
Besucher aus Ost und West geben sich derzeit die Klinke in die Hand.
Drei Kollegen mit blauem Paß abwechselnd bei Sarah und bei mir. Unsere Gespräche über die Querelen mit Lektoraten, Verlegern, Zollbehörden haben mitunter einen süffisanten Unterton, der die allgemeine
Ratlosigkeit nicht überdecken kann. Keiner weiß so recht, wo es lang
geht. Hinter dem Wort Zukunft stehen drei Fragezeichen, und oft wird
ein Thema mit einem Sarkasmus beendet, nach dem Motto Was haben
wir alles gewollt und was ist herausgekommen? [...] Franz erzählt von
der aggressiven Stimmung zu Haus.« (Klaus Schlesinger, »Fliegender
Wechsel. Eine persönliche Chronik«, Frankfurt/M. 1990, S. 79ff.)

65 FRANZ FÜHMANN AN KURT LÖFFLER, 20. 11. 80
T: Durchschlag des ms. Originals mit hs. Widmung und U. im Archiv
Christa Wolfs.
Frank Matthies – Frank-Wolf Matthies (geb. 1951), Lyriker, Erzähler.
Seit 1978 freier Schriftsteller, Veröffentlichungsverbot, nach Erscheinen seines ersten Buches, »Unbewohnter Raum mit Möbeln« (Reinbek
b. Hamburg, 1980), wegen »nicht genehmigter Veröffentlichungen im
Ausland« verhaftet, auf Fürsprache mehrerer Schriftsteller (u. a. Fühmanns und Christa Wolfs, vgl. Brief 66) aus der Haft entlassen, 1981
nach Westberlin übergesiedelt. Matthies gehörte zu den jungen Autoren, denen Fühmann den Weg zu ebnen versuchte.
Lutz Rathenow – (geb. 1952), Lyriker, Erzähler. Exmatrikulation aus
ideologischen Gründen, ab 1977 freier Schriftsteller in Ostberlin; bis
auf wenige Beiträge konnten seine Texte bis 1989 nur in der Bundesrepublik erscheinen.
den Weg zur Redaktion ... finden geholfen – Im Heft 6/1976 von »Sinn
und Form« erschienen, eingeleitet durch einen Aufsatz Fühmanns, Gedichte von Frank-Wolf Matthies und Uwe Kolbe. »Ich habe mich öf-
ters dahingehend geäußert, daß ›Sinn und Form‹ keine Zeitschrift der
Debütierenden sein kann. Hier, glaube ich, ist eine Ausnahme erlaubt:
ecce poeta!« (»Schneewittchen: Ein paar Gedanken zu zwei jungen
Dichtern«, ebd., S. 1262.)
Ich habe mich ... öffentlich geäußert – »Wir wollen die Jugend besser als
uns und verstehen schlecht, daß dies Besser-Sein ein Anders-Sein for-
dert. Wir wollen, im Grund genommen, die nächste Generation also so
etwas wie unsere Miniaturausgabe; wir sehen in ihnen nur uns selbst,
die wir noch einmal anfangen könnten. – Wir gestehen *uns* dann zu,
besser zu sein.« (Ebd., S. 1261.)

66 CHRISTA WOLF AN ERICH HONECKER, 23. 11. 80
T: Durchschlag des ms. Originals im Archiv Christa Wolfs.
Thomas Erwin – (geb. 1961), Lyriker. 1981 Ausreise.

67 FRANZ FÜHMANN AN CHRISTA UND GERHARD WOLF, 1. 1. 81
T: Hs. Original (Kunstpostkarte: Bamberg – Karmelitenkloster, Kreuz-
gang. Darstellung: Hundegeköpfte Fledermaus mit gespreizten Flügeln.
Deutung: Symbol der Finsternis des Teufels) im Archiv Christa Wolfs.

68 FRANZ FÜHMANN AN KONRAD WOLF, 27. 12. 81
T: Durchschlag des ms. Originals mit hs. Gruß und U. im Archiv Christa Wolfs.
das Vorwort zu jener Anthologie – Siehe Brief 69.
Sascha Anderson – (geb. 1953), Lyriker, »Symbolfigur einer sich frei
entwickelnden, unabhängigen DDR-Kulturszene, die den Staat und
seine Institutionen ignorierte und die politische Identifikation verwei-
gerte« (»Neues Handbuch der deutschsprachigen Gegenwartsliteratur
seit 1945«, Hrsg. Dietz-Rüdiger Moser, München 1993, S. 33), produ-
zierte mit Malern im Selbstverlag seit Beginn der achtziger Jahre Künst-
lerbücher; Mitarbeit an Samisdat-Zeitschriften, organisierte Lesungen
und Ausstellungen. Nach 1990 Stasi-Mitarbeit enthüllt.
Dieter Eue – (geb. 1947), Journalist, Schriftsteller. 1982 Ausreise.
Christa Moog – (geb. 1952), Erzählerin, 1984 nach Westberlin übergesiedelt.
Thomas Brasch – (geb. 1945), Dramatiker, Erzähler. Sohn jüdischer Emi-
granten, seit 1947 in der späteren DDR. Exmatrikulation und Verurteilung wegen »staatsfeindlicher Hetze« nach Einmarsch der Warschauer-
Pakt-Truppen in ČSSR, 1976 Übersiedlung nach Westberlin.
Hans Joachim Schädlich – (geb. 1935), Schriftsteller. Mitunterzeichner
des Protestes gegen die Ausbürgerung Biermanns. Da seine Texte in der
DDR nicht erscheinen konnten, publizierte er ab 1977 in der Bundesre-
publik. 1979 Ausreise.
Kurt Bartsch – (geb. 1937), Lyriker, Erzähler, Stückeschreiber. Nach-
dem er den Protest gegen die Ausbürgerung Biermanns und 1979 den
Protestbrief an Erich Honecker unterzeichnet hatte, aus dem Schrift-
stellerverband ausgeschlossen, Aufführungsverbot, 1980 Ausreise nach
Westberlin.
Karl-Heinz Jakobs – (geb. 1929), Schriftsteller. Nachdem er sich dem
Protestbrief gegen die Ausbürgerung Biermanns angeschlossen hatte,
wurde er 1977 aus der SED und nach Veröffentlichung des Romans
»Wilhelmsburg« in der Bundesrepublik aus dem Schriftstellerverband
der DDR, dem er als Vorstandsmitglied angehört hatte, ausgeschlossen.
1981 Ausreise.
Klaus Poche – (geb. 1927), Erzähler, Fernseh- und Filmautor. Nach

Unterzeichnung des Protestbriefes an Erich Honecker 1979 aus dem Schriftstellerverband ausgeschlossen, danach Ausreise.

Bettina Wegener – Bettina Wegner (geb. 1947), Liedermacherin. Nach Protest gegen die Ausbürgerung Biermanns Auftrittsverbote, 1979 Austritt aus Schriftstellerverband, 1983 Aufforderung zur Übersiedlung und Einleitung eines Ermittlungsverfahrens wegen Verdachts auf Zoll- und Devisenvergehen, Ausreise nach Westberlin.

Gert Neumann – (geb. 1942), Lyriker, Prosaautor. 1969 vom Literaturinstitut Johannes R. Becher exmatrikuliert, aus SED ausgeschlossen. Fühmann setzte sich vergeblich für seine Manuskripte ein, bis 1989 nur Veröffentlichungen in der Bundesrepublik. »[...] den bedeutendsten Schriftsteller (ganz ohne Phrase), den die DDR, nein, den wohl der deutschsprachige Raum besitzt«, nannte ihn Fühmann. (Brief an Ingrid Prignitz vom 9. 7. 81, in: F. F., »Briefe«, a. a. O., S. 378.)

Monika Maron – (geb. 1941), Journalistin, Erzählerin. Fühmann hatte sich vergeblich für das Erscheinen ihres Romans »Flugasche« (Frankfurt/M. 1981) in der DDR eingesetzt. 1988 Ausreise.

Wolfgang Hilbig – (geb. 1941), Lyriker, Erzähler. Siehe die erste Anm. zu Brief 75.

Wolfgang Hegewald – (geb. 1952), Erzähler. 1983 Ausreise. Gehörte zu den Autoren, um deren Veröffentlichung in der DDR sich Fühmann bemühte, u. a. war er bereit, ein von der Hauptverwaltung Verlage beim Ministerium für Kultur gefordertes Nachwort zu dem dann im S. Fischer Verlag Frankfurt/M. erschienenen Prosaband »Das Gegenteil der Fotografie« (1984) zu schreiben (vgl. Brief an Hegewald vom 18. 6. 81, in: F. F., »Briefe«, a. a. O., S. 376f.).

[Anlage:] FRANZ FÜHMANN AN KONRAD WOLF, 28. 12. 81
T: Durchschlag des ms. Originals m. U. im Archiv Christa Wolfs.

Günter Rücker – (geb. 1924), Drehbuch- und Hörspielautor, Erzähler. 1974–1982 Sekretär der Sektion Literatur und Sprachpflege der Akademie der Künste der DDR.

Uwe Kolbe – (geb. 1957), Lyriker. Gehörte zu den von Fühmann entdeckten und geförderten Autoren, lebte ab 1987 mit Visum in der Bundesrepublik, hielt die Totenrede auf Fühmann in Märkisch Buchholz.

Uta Mauersberger – (geb. 1952), Lyrikerin.

Dieter Schulze – (geb. 1958), Lyriker. Fühmann hielt ihn für ein Genie, vergleichbar mit Trakl, Georg Heym oder van Hoddis, das sich nicht reibungslos in die Gesellschaft eingliedern ließe, setzte sich für ihn (wie auch Christa Wolf und Heiner Müller) bei Verfahren wegen Asozialität ein und bürgte für ihn. (Vgl. Brief Fühmanns an das Oberste Gericht der DDR vom 22. 10. 81, in: F. F., »Briefe«, a. a. O., S. 386ff.) Schulze reiste 1983 mit Fühmanns Hilfe nach Westberlin aus.

Detlef Opitz – (geb. 1956), seit 1981 freier Schriftsteller in Ostberlin.

69 Franz Fühmann an Christa Wolf, 29. 4. 82
T: Ms. Original m. U. im Archiv Christa Wolfs.

nach Schevenigen ... nicht fahren – Haager Treffen (24.–26. 5. 1982), Nachfolgetreffen zur Berliner Begegnung, auf dem Schriftsteller zum Thema Frieden diskutierten.

Stephan – Stephan Hermlin, der das erste dieser Treffen, die Berliner Begegnung zur Friedensförderung (13.–14. 12. 1981), initiiert hatte.

was Kleines geschrieben – »Der Mund des Propheten« gehörte zu einem auf dreizehn »Bibel-Geschichten« angelegten Zyklus, der nicht realisiert werden konnte. Die Erzählung, die von einem Propheten handelt, der zum Tode verurteilt wird, weil seine Warnungen dem König mißfallen, und dem es unter dem neuen Herrscher nicht besser ergeht, schließt mit der Prophezeiung: »Und es wird geschehen am Ende der Tage, und sie werden ihre Schwerter zu Pflugscharen schmieden [...] Kein Volk wird wider das andre ein Schwert aufheben, und keiner wird mehr die Kriegskunst lernen [...].« (In: F. F., »Das Ohr des Dionysos. Nachgelassene Erzählungen«, Rostock 1985, S. 29f.) Zu einer Zeit, da die Losung »Schwerter zu Pflugscharen« in der DDR als pazifistisch verboten war, mußte diese Prophezeiung provozierend wirken.

als das Wehrgesetz erschien – »Gesetz über den Wehrdienst in der Deutschen Demokratischen Republik – Wehrgesetz – vom 25. März 1982«.

Deine Vorlesungen – Die »Frankfurter Vorlesungen«.

meine Freud-Auswahl – Siegmund Freud, »Trauer und Melancholie. Essays«, Hrsg. F. F. und Dietrich Simon (Berlin 1982). Diese erste Ausgabe Freuds in der DDR war auf jahrelanges Drängen Fühmanns im gesellschaftlichen Beirat des Verlags Volk und Welt (Berlin) erschienen.

gelesen, was Hans Kaufmann über/gegen mich geschrieben hat – Hans Kaufmann (geb. 1926) setzt sich mit Fühmanns Studie »Das mythische Element in der Literatur« auseinander (Hans Kaufmann, »Versuch über das Erbe«, Leipzig 1980, S. 130–136). Kaufmann kritisiert, daß Fühmann subjektive Erfahrung allein als passives Entgegennehmen äußerer Einwirkungen beschreibt; »daß er die Rolle der Kunst aus einer diesseitigen, der Realität des Lebens entspringenden Gesetzlichkeit begreiflich machen will, diese selbst aber als eine metaphysische faßt« (S. 133); »daß das ›Eigentliche‹, was Mythos und Kunst auszeichne, dem Menschen seit je eingeboren sei und geschichtunabhängig zu seinem ›Wesen‹ gehöre« (S. 134) und er sich dabei auf die Ästhetik von Lukács berufe; daß er dem Tragischen einen höheren Rang in der Kunst als dem Komischen einräume.

die 3 nackten Männer – Die Erzählung »Drei nackte Männer« (1973).

Nachwort zu Tiecks späten Novellen – Der Vertrag dazu war bereits von 1976, es gab ca. 500 Seiten Notizen und Material dazu. In einem Brief vom 15. 5. 82 bat er jedoch Klaus Günzel, das Projekt zu übernehmen. »Meine Konzeption war einfach: Tiecks Gesprächsnovellen als Lehrstücke von Toleranz und als Literatur gewordener demokratischer Geist, etwas, was in Deutschland so ungeheuer selten, der Dichter eben nicht als Parteinehmer, sondern seine Parteinahme die Schaffung eines Klimas, in dem ein Problem sich allseitig in seinen Widersprüchen entfalten kann. [...] aber ich hab mich dabei so elend ins Detail verloren, fasse den großen Bogen nicht [...]«. (F. F., »Briefe«, a. a. O., S. 415f.)

für diesen Marquardt zu seiner Bibel-Ausgabe – Hans Marquardt (geb. 1920), 1961–1987 Leiter des Verlags Philipp Reclam jun. Leipzig. Fühmann schrieb »Meine Bibel; Erfahrungen« zu: Martin Luther, »Biblia/das ist/die gantze Heilige Schrifft Deutsch« (Leipzig 1983).

daß der Trakl ... da ist – Die vollständige Ausgabe »Vor Feuerschlünden. Erfahrung mit Georg Trakls Gedicht« (Rostock 1982).

70 CHRISTA WOLF AN FRANZ FÜHMANN, 13. 6. 82
T: Durchschlag des ms. Originals m. U. im Archiv Christa Wolfs.

ehe ich nach Frankfurt losfuhr – Sie hielt die Poetik-Vorlesungen an der Universität Frankfurt.

daß der Aufbau Verlag das irgendwann ... bringt – Die Ausgabe im Aufbau-Verlag Berlin und Weimar für die DDR erschien Ende 1983, nachdem in der dritten Vorlesung 66 Zeilen, die vor allem die Abrüstungsproblematik betrafen, gestrichen worden waren. Bereits im März 1983 war die Ausgabe des Hermann Luchterhand Verlages Darmstadt und Neuwied herausgekommen.

Sarah – Sarah Kirsch.

in Den Haag – Christa Wolfs Rede in Den Haag in: C. W., »Die Dimension des Autors«, a. a. O., Bd. I, S. 443ff.

INTERLIT-SHOW – Weiteres Schriftstellertreffen zur Friedensproblematik in Köln (18.–25. 6. 1982).

Kohlhaase – Wolfgang Kohlhaase (geb. 1931), Drehbuch- und Hörspielautor, Erzähler.

Edel – Peter Edel (1921–1983), Romanautor, Publizist.

Neutsch – Erik Neutsch (geb. 1931), Romanautor.

Strahl – Rudi Strahl (geb. 1931), Dramatiker, Erzähler.

bei Sarah ... und Moritz – Sarah Kirsch und ihr Sohn.

eine Einladung für sie durchzusetzen – Sarah Kirsch durfte nach ihrer Übersiedlung zunächst nicht in die DDR einreisen.

71 FRANZ FÜHMANN AN CHRISTA WOLF, 29. 11. 82
T: Hs. Original (Postkarte: Landtagssegen – München 1981) im Archiv Christa Wolfs.

München war ... eine tolle Erfahrung – Fühmann hatte am 22. November 1982 den Geschwister-Scholl-Preis der Stadt München bekommen. Sein Redemanuskript lag dem Brief bei.

Leipzig (FDJ) nehm ich ... ernst – Die Kulturkonferenz der FDJ (21./22. Oktober 1982) in Leipzig. In seinem Referat »Die Verantwortung der FDJ für Kultur und Kunst in den Kämpfen unserer Zeit« sagte Hartmut König, Sekretär des FDJ-Zentralrats, u. a.: »Da gibt es diese westlichen ›Kritik-Multis‹, wie Hermann Kant sie einmal nannte, die ›in ihren Verkaufsketten von Flensburg bis Altötting über Moral und Anstand oder Unmoral und Unanständigkeit von DDR-Autoren befinden‹. Sie wollen die Verwundung und den Sturz des Sozialismus, und sie kaufen sich dafür auch bei Abwesenheit künstlerischer Qualität bei jedem ein, der bereit ist, seine sozialismusfeindlichen Ansichten zu vermarkten. Da kriegt Poche für ›Atemnot‹ ein kapitalistisches Copyright, Schneider für ›November‹. Und das zweifelsfrei nicht wegen irgendeiner literarischen Eignung, sondern einzig für die Leugnung und Verunglimpfung der Lebenswahrheiten des Sozialismus in der DDR. [...] Haben solche Leute die Grenze zwischen Kapitalismus und Sozialismus, über die sie mit unserem Paß nach Westen fahren, für sich nicht schon weit überschritten? [...] Und man fragt sich dann, wie sich die Haltung derjenigen, die zwischen den Welten pendeln und Kübel von Schmutz vor westlichen Kameras oder in Akademien gegen uns auskippen, oder sich – wie im Falle von Jakobs – sogar ins ›Haus des deutschen Ostens‹ begeben, mit dem Hammer und dem Zirkel unseres DDR-Passes verträgt. Ihre Liebe zu unserem Paß erschöpft sich wohl darin, daß er vorerst noch eine ganz akute Sorge vertreibt: die Sorge nämlich, daß es mit den literarischen Ehren im Westen vorbei ist, wenn der für die imperialistische Strategie einzig interessante, vom Westen geprägte Dissidentenstatus wegfällt.« (ND vom 23./24. 10. 82, S. 6.)

72 FRANZ FÜHMANN AN CHRISTA WOLF, 21. 1. 83
T: Ms. Original m. U. im Archiv Christa Wolfs.
zu Deiner Vorlesung in die Akademie – Christa Wolf las in der »Stunde der Akademie« aus »Kassandra« (12. 1. 83).
H. Kant – Hermann Kant.
Teilnahme am Kongreß angeboten – IX. Schriftstellerkongreß der DDR (29.–31. Mai 83).
Günter d. Br. – Günter de Bruyn.
bei der Großschaffe zu den K.-Wolf-Filmen – Konrad Wolfs letztes Filmprojekt, »Busch singt. Sechs Filme über die erste Hälfte des 20. Jahrhunderts«, wurde auf drei Podiumsveranstaltungen in der Akademie der Künste vorgestellt. Fühmann nahm am 1. Podiumsgespräch (27. 1. 83) teil.
Nemes Nagy Ágnes – Ágnes Nemes Nagy (geb. 1922), Lyrikerin. 1986 erschien im Insel Verlag Leipzig der Band »Dennoch schauen« mit den Nachdichtungen Fühmanns.

73 FRANZ FÜHMANN AN CHRISTA WOLF, 18. 2. 83
T: Ms. Original m. U. im Archiv Christa Wolfs.
ein Buch darüber für Dich – Wahrscheinlich: Carl-Philipp Melms,
»Chronik von Dahlem« (Berlin 1982).
Rede für den Kongreß – Fühmann nahm nicht am Schriftstellerkongreß
teil.
Machs gut in den USA – Christa Wolf hatte eine Gastprofessur an der
Ohio State University, Columbus, Ohio. Sie erhielt dort die Ehrendok-
torwürde.

74 FRANZ FÜHMANN AN CHRISTA WOLF, [vor 7. 4. 83]
T: Telegramm im Archiv Christa Wolfs.
indith kapitel 8 vers 29 – Wahrscheinlich »Das Buch Judit«: »Denn
nicht erst seit heute ist deine Weisheit offenkundig, sondern von Beginn
deiner Tage an erkannte das ganze Volk deine Einsicht, wie die Gedanken deines Herzens gut sind.« (»Die Bibel. Die Heilige Schrift des Alten und Neuen Bundes. Deutsche Ausgabe mit den Erläuterungen der
Jerusalemer Bibel«, Leipzig 1969, S. 634.)

75 CHRISTA WOLF AN FRANZ FÜHMANN, 7. 4. 83
T: Hs. Original im FFA.
Daß Hilbig gedruckt wird – Fühmann war auf seiner Lesereise durch
Westdeutschland auf einen Lyrikband Wolfgang Hilbigs (geb. 1941)
aufmerksam geworden (»abwesenheit«, Frankfurt/M. 1979). Seitdem
bemühte er sich, einen Verlag für Hilbig in der DDR zu finden, empfahl
Gedichte für »Sinn und Form« (Heft 6/1980). Sein Angebot, einen Essay über Hilbig auf einer Veranstaltung zum 60. Geburtstag Hans Mar-
quardts zu lesen, wurde abgelehnt, der Essay in der DDR erst 1983 publiziert (»Praxis und Dialektik der Abwesenheit. Eine imaginäre
Rede«, in: F. F., »Essays«, a. a. O., S. 458–475). Der Auswahlband mit
Gedichten und Prosa »STIMME STIMME« von Wolfgang Hilbig erschien 1983, nachdem Hilbig an Klaus Höpcke und Fühmann an Kurt
Löffler geschrieben hatte. Die Ausgabe erschien nicht in Reclams Uni-
versal-Bibliothek, sondern in englischer Broschur.
Druckgenehmigung für meine Kassandra-Texte – Die durch die ecki-
gen Klammern mit Auslassungspunkten deutlich erkennbaren Strei-
chungen (insgesamt 66 Zeilen) signalisierten zum erstenmal, daß zen-
siert worden war, und lenkten die Aufmerksamkeit erst recht auf die
beanstandeten Formulierungen. Es kursierten Abschriften der fehlenden Stellen. Die erste vollständige Ausgabe erschien im Frühjahr 1989
(7. Auflage) nach Aufhebung des Druckgenehmigungsverfahrens.
keine Bibel mit den Apokryphen – Das »Buch Judit« zählt zu den deu-
terokanonischen Büchern. Sie gehören nicht zur hebräischen Bibel,
manche gehen aber auf ein hebräisches oder aramäisches Original zu-

rück. Die katholische Kirche hat sie in der Zeit der Kirchenväter aner-
kannt. Apokryphe Bücher sind solche, die von der römischen Kirche
nicht angenommen wurden, obwohl sie von Kirchenvätern und frühen
Kirchenschriftstellern gelegentlich benutzt wurden.

76 FRANZ FÜHMANN AN CHRISTA UND GERHARD WOLF,
[nach 7. 4. 83]
T: Hs. Original (Alte Postkarte: Die drei Männlein im Walde) im Archiv Christa Wolfs.

77 FRANZ FÜHMANN AN CHRISTA WOLF, 29. 8. 83
T: Hs. Original (Kunstpostkarte: Max Beckmann, Der Regenbogen
1942) im Archiv Christa Wolfs.
das Krankenzimmer – Fühmann lag seit Ende Juli in der Charité und
wurde in der Folge mehrfach an Darm und Rückgrat operiert.

78 CHRISTA WOLF AN FRANZ FÜHMANN, 26. 10. 83
T: Hs. Original im FFA.
diesen Sonderdruck – Sonderdruck des Prosastückes »Galoschen« von
Sarah Kirsch (gesetzt von D. E. Sattler, Bremer Presse 1983) aus dem
späteren Band »Irrstern« (Stuttgart 1986).

79 FRANZ FÜHMANN AN CHRISTA WOLF, [2. 11. 83]
T: Hs. Original (Bildpostkarte mit Gedicht von M. R. Sommer: »Auch
in den Blumenfenstern / und liebevoll gepflegten Gärten / spiegelt
sich das Leben / friedvoller, fleiß'ger Menschen.«) im Archiv Christa
Wolfs.

80 CHRISTA WOLF AN FRANZ FÜHMANN, 29. 12. 83
T: Hs. Original (Briefkarte) im FFA.

81 CHRISTA WOLF AN FRANZ FÜHMANN, 21. 2. 84
T: Hs. Original (Postkarte: Wiepersdorf (Kr. Jüterbog), Arbeits- und
Erholungsstätte für Schriftsteller und Künstler »Bettina von Arnim«,
Schloß, Parkseite) im FFA.
zu Bettina ausgerissen – Schloß Wiepersdorf gehörte zum Familienbe-
sitz der Arnims. Achim von Arnim lebte dort von 1814 bis zu seinem
Tode 1831, seine Frau Bettina von 1814–1816, danach besuchte sie es
sporadisch. Beide liegen neben der Wiepersdorfer Kirche begraben.
Das Schloß wurde seit 1958 als Erholungs- und Arbeitsstätte für
Kunstschaffende genutzt.

82 CHRISTA WOLF AN FRANZ FÜHMANN, 19. 3. 84
T: Hs. Original (Briefkarte) im FFA.

Buch vom Engel der Behinderten – »Engel der Geschichte 25: Engel der Behinderten«, Hrsg. Franz Fühmann (Düsseldorf 1982; mit HAP Grieshabers »Totentanz von Basel« und Texten von F. Fühmann). Die Ausgabe erschien nach Grieshabers Tod.

Grieshaber Drucke – HAP Grieshaber (1909–1981), Graphiker. In Anlehnung an mittelalterliche Totentänze hatte er einen Zyklus von großformatigen Holzschnitten geschaffen, den »Totentanz von Basel«. »Es war seit Jahren Grieshabers Wunsch, über seinen *Basler Totentanz* Gespräche mit geistig Behinderten in beiden deutschen Staaten zu führen; ich bot ihm dazu meine Hilfe an, und sie wurde schließlich Ersatz für eine Leistung, die durch niemanden zu ersetzen ist. So erscheint denn der letzte *Engel der Geschichte* nach Grieshabers Willen durch mich herausgegeben [...] Die Gespräche wurden in der DDR im Mai 1981 im Jugendheim der Samariteranstalten Fürstenwalde an der Spree und in der BRD September 1981 an der Sonderschule der Anstalt Stetten im Remstal geführt«, schrieb Fühmann in seinem Geleitwort (ebd.). (Vgl. Brief an Grieshaber vom 27. 4. 81, in: F. F., »Briefe«, a. a. O., S. 356ff., und Margarete Hannsmann, »Annäherung«, in: »Zwischen Erzählen und Schweigen. Ein Buch des Erinnerns und Gedenkens. Franz Fühmann zum 65.«, Rostock 1987, S. 81–94.)

Essayband – F. F., »Essays, Gespräche, Aufsätze 1964–1981« (Rostock 1983).

Interview mit Simon – »Gespräch mit Horst Simon« (ebd., S. 475–493). Simon war seit 1975 Cheflektor des Hinstorff Verlages.

83 Franz Fühmann an Christa Wolf, 16. 4. 84
T: Hs. Original (Bildpostkarte mit Psalm 37,37: »Bleibe fromm und halte dich recht;/ denn solchen wird's zuletzt wohl gehen.«) im Archiv Christa Wolfs.
Ileus – Darmverschluß.

Zu dieser Ausgabe

Die vorliegende Sammlung beruht auf den Briefen, Postkarten und Briefdurchschlägen, die sich im Besitz von Christa Wolf befinden. Sie wurden ergänzt durch Briefe und Karten, die im Franz-Fühmann-Archiv in der Stiftung Archiv der Akademie der Künste Berlin-Brandenburg vorhanden sind. Soweit sie in den Umkreis dieser Korrespondenz gehören, wurden auch Briefe an und von Gerhard Wolf aufgenommen. Da der Austausch von Schreiben an offizielle Stellen ein wichtiges Element dieses Briefwechsels bildete, wurden diese Briefe eingefügt, soweit sie sich in den Unterlagen der Briefpartner fanden. Diese Briefe erscheinen kursiv.

Standort und Druckvorlage der Texte werden in den Anmerkungen nachgewiesen. Die Texte werden vollständig und originalgetreu wiedergegeben bis auf Auslassungen aus Gründen des Persönlichkeitsschutzes, die durch eckige Klammern kenntlich gemacht sind. Offensichtliche Tippfehler wurden berichtigt; Interpunktionseigenheiten, falsche Namensschreibungen, syntaktische und grammatische Fehler wurden nicht korrigiert. Unterstrichene Textstellen erscheinen kursiv. Ergänzungen sind durch eckige Klammern gekennzeichnet. Es wurden nur Anschriften und Absender von Institutionen und Behörden beibehalten.

Ich danke allen, die das Zustandekommen dieser Ausgabe unterstützten, besonders Frau Ursula Fühmann und Frau Barbara Richter-Fühmann, Christa und Gerhard Wolf, dem Hinstorff Verlag, der Stiftung Archiv in der Akademie der Künste Berlin-Brandenburg, dort vor allem Barbara Heinze. Für die Abdruckgenehmigung der Briefe an Konrad Wolf danke ich Markus Wolf. Der Abdruck der Trauerrede auf Franz Fühmann erfolgt mit freundlicher Genehmigung des Luchterhand Literaturverlages, München. Die Rechte für die Rede anläßlich der Namensgebung der Franz-Fühmann-Schule in Jeserig liegen bei Christa Wolf.

Für die Hilfe bei der Aufdeckung zahlreicher Anspielungen, Abkürzungen usw. danke ich außerdem Peter Böthig, Christel Dobenecker, Carsten Gansel, Jürgen Grambow, Klaus Höpcke, Dieter Kerschek, Sarah Kirsch, Uwe Kolbe, Heide Lipecki, Karlheinz Mund, Jürgen Schleicher.

A. D.

Inhalt

Anhang

A*t*V

Band 5410

Erwin Strittmatter
Der Laden
Romantrilogie

3 Bände in Kassette

1504 Seiten
ISBN 3-7466-5410-6

Der Laden ist der magische Punkt in
Erwin Strittmatters Romantrilogie. Hier
treffen sich die Bossdomer, die Einwohner
des kleinen Heidedorfes in der sorbischen
Niederlausitz. Sie kaufen ein und erzählen
sich Neuigkeiten. Esau Matt, gelernter
Bäcker und heimlicher Schriftsteller,
beobachtet und sammelt menschliche
Eigenarten. Er erzählt von seiner Familie,
den Zerwürfnissen und Versöhnungen.
Dorfalltag und Weltgeschehen vermischen
sich auf amüsante und skurrile Weise: »Ob
Sommer, ob Winter, ob Krieg, ob Frieden –
das Merkwürdige ist stets unterwegs.«

**Brigitte Reimann
Christa Wolf
Sei gegrüßt und lebe**
Eine Freundschaft in Briefen
1964–1973

192 Seiten
ISBN 3-351-02226-3

»Ich kann nicht verhehlen, daß es mich
berührt hat, mit welcher Noblesse und Be-
hutsamkeit Christa Wolf dieser Frau mit
dem so ganz anderen, anarchischen und
vom Tode bedrohten Leben sich nähert.«
Fritz J. Raddatz, Die Zeit

»Unterschiedlicher können zwei Frauen
wohl kaum sein: die eine, Brigitte Reimann,
ungestüm, unkonventionell, unbequem,
voll ungebremster Glückssehnsucht von
einer Ehe in die nächste taumelnd; die
andere, Christa Wolf, verläßlich, besonnen,
gehalten von festen Familienbanden. Im
Mitttelpunkt des Briefwechsels stehen diese
beiden Frauen, deren persönliche Zeilen
eindrucksvoll ein Stück Leben in all seinen
Facetten festhalten.«
Hannoversche Allgemeine

Aufbau-Verlag

A*t*V

Band 1247

Bettina Wegner
In Niemandshaus hab ich
ein Zimmer
Lieder und Gedichte

Mit 25 Seiten Noten
139 Seiten
ISBN 3-7466-1247-0

Spätestens seit dem Lied »Sind so kleine
Hände« war Bettina Wegner *die* Liedermacherin der DDR, eine kräftige, unver-
wechselbare Stimme. Unangepaßt und
unerschrocken beharrte sie auf einem
moralischen Rigorismus, der sie – auch
nach ihrer Ausreise nach Westberlin – zu
einer unbequemen und gerade darum von
vielen bewunderten Sängerin werden ließ.
Dieser Band versammelt ihre bekanntesten
Lieder und ergänzt sie mit neu entstande-
nen, die ebenso volksliedhaft schlicht und
von zorniger Anteilnahme oder trauriger
Ratlosigkeit sind wie jene, die ihr den Ruf
einer »berlinernden Joan Baez« (Christoph
Dieckmann) einbrachten.

A^tV

Band 1243 Inge Müller
Wenn ich schon sterben
muss
Gedichte

Herausgegeben von Richard Pietraß

134 Seiten
ISBN 3-7466-1243-8

Dieser Band, fast zwanzig Jahre nach
ihrem Tod erschienen, begründete die
anhaltende Faszination der Lyrikerin
Inge Müller. Ihre wichtigsten Gedichte
sind hier konzentriert: jene atemlosen,
stürzenden Verse, die dem Leser keine
Distanz lassen. Die beunruhigende
einsame Stimme spricht von prägenden
Erfahrungen: von verlorenen Illusionen,
unlebbarer Liebe, vom Trauma des Krie-
ges und des Verschüttetseins. Die Schatten lassen sich nicht bannen, nicht mit
Gedichten der Sehnsucht nach Geborgen-
heit und Nähe, nicht mit entschlossener
Selbstbehauptung: »Ich weigere mich
Masken zu tragen«.
Inge Müller blieb ihren Verletzungen und
Todesängsten ausgeliefert. Ihre Gedichte
sind das erschütternde Dokument eines
permanenten Lebenskampfes, den die
Dichterin mit 41 Jahren aufgab.

»... eine der zweifellos wichtigsten
deutschen Nachkriegsdichterinnen ...«

Die Welt

A*t*V

Band 1451

Bulat Okudshawa
Reise in die Erinnerung
Glanz und Elend eines Liedermachers

187 Seiten
ISBN 3-7466-1451-1

Bulat Okudshawa, neben Wladimir Wyssozki der berühmteste und legendärste Liedermacher der Sowjetunion, begann bereits in den fünfziger Jahren seine unangepaßten Gedichte zur Gitarre zu singen. Heimlich gingen seine Lieder als Tonbandaufzeichnungen von Hand zu Hand, bevor er 1960 zum erstenmal öffentlich auftreten durfte und seine Konzerte in seiner Heimat Tausende von Zuhörern anlockten. In den vorliegenden drei autobiographischen Erzählungen berichtet Okudshawa – bescheiden verborgen hinter seinem Protagonisten Iwan Iwanytsch – von jenen ersten Jahren der illegalen Konzerte in Moskauer Wohnungen, von seiner ersten Platte, die er nicht einmal anfassen durfte, von Schwierigkeiten mit der Macht, Gefahren, Ängsten und Kompromissen, von seltsamen Verstrickungen in München, Siegen und Niederlagen in Paris.

»Okudshawa war die psychologische Rettung einer ganzen Generation, die auf eine Veränderung wartete.«
Süddeutsche Zeitung